기후위기 시대의
지구과학 수업

지구를 살리는 수업

3

기후위기 시대의 지구과학 수업

김지영 서윤희 지음

여러분은 지구를 사랑하시나요?

원시 지구의 환경으로부터 절묘한 우연과 조화로 지구에 생명체가 빚어졌습니다. 그렇게 탄생한 지구 생명체는 자신의 본질인 지구 환경을 다시금 변화시키고 있지요. 이렇듯 지구 환경과 생명체는 별개의 존재가 아닙니다. 지구는 곧 생명 그 자체라고 할 수 있어요. 지구 생명체 중 인류는 숨 쉬고 양분을 섭취해 얻은 그 다분한 에너지로 지구의 에너지를 마구 꺼내어 쓰며 발전해 갔습니다. 동시에 폐기물을 끊임없이 만들어내며 지구를 무서운 속도로 변형시켰지요. 그렇게 인류는 스스로 가장 우월하고 특별한 방식으로 진화했다고 자부하며 거대한 생명체인 지구의 섭리를 거스르고 있습니다. 여러분은 지금 우리의 모습과 현실을 똑바로 마주할 수 있나요?

우리는 먼저 조화로운 지구의 아름다움을 노래하고, 지구의 생명체들을 사랑해야 합니다. 진정으로 지구의 모든 것을 사랑한다면 위험한 속도로 본연의 모습을 잃어가고 있는 지구의 모습에 깊이 애도

하며 공감할 거예요. 지구는 우주의 조화 속에서 행성으로서 인류의 존재와는 무관하게 오랜 시간 다양한 모습으로 존속해 왔고, 앞으로도 그러할 것입니다. 어쩌면 지금 우리가 외치고 있는 지구의 위기라는 것의 실상은, 지구에서 안전하게 존속할 수 없을지도 모를 인류의 위태로움뿐일지도 모릅니다.

여러분은 인류를 사랑하시나요?

우리는 생태 시민이라는 존엄성을 바탕으로 지구의 회복을 위한 길을 닦아나갈 수 있습니다. 인류의 집단적 책임을 인정하고, 지구와의 건강한 공존으로 이어질 수 있도록 인지의 지평선을 넓혀 나가야 할 시점입니다. 지구에 귀를 기울여 청진해 봅시다. 여러분과 자연을 연결해 지구와 인류의 안녕을 위한 통찰을 해보아요. 인류는 모든 인간이 동등하다는 원칙을 세우고 권리를 보장하기까지 가혹한 투쟁의 역사 속에서 살아왔고, 이는 여전히 진행 중입니다. 지구와 우리의 관계도 마찬가지입니다. 우리와 지구가 서로 어떻게 연결되어 있는지, 그리고 다른 종들과 우리가 어떻게 관련되어 있는지를 되돌아봐야 할 것입니다. 이를 위해서는 비단 개인뿐만 아니라 지속 가능한 발전과 회복을 우선시하며 정부와 기업, 그리고 국제사회의 협력이 필요합니다.

저는 기존의 지구과학 교과서가 좀 더 읽을거리가 풍성하고 서사가 있는 서적과 같은 모습이면 좋겠다는 생각을 오랜 시간 품어 왔습니다. 이 책을 통해 독자가 지구와 우주의 소중함과 아름다움을 인식하고, 올바른 자연관과 우주관으로 자연에 깊이 공감할 수 있도록 지구와 인류의 다채로운 이야기를 펼쳐내고자 했습니다. 우리는 아는 만큼 볼 수 있고 깊이 고민하여 인식한 만큼 통찰할 수 있습니다. 그리고 이를 바탕으로 용기를 내어 행동할 수 있게 됩니다. 학교 교육 현장에서도 인간 중심 환경교육에서 생태 중심 환경교육으로 인식을 전환하고, 생태적 감수성으로 환경을 위해 불편을 감내하는 당위성을 받아들이는 태도와 실천으로 이어지는 데 이 책이 기여하기를 희망해봅니다.

끝으로 이 책이 나오기까지 과학 교사로서의 가치관을 바로 세워준 '가치를 꿈꾸는 과학 교사 모임' 선생님들과 우주를 동경하고 바다를 공부할 수 있도록 곁에서 아낌없이 응원해 준 가족들, 그리고 이 글이 본질에 가깝게 전개되도록 도와준 재훈 님과 온유, 광현 학생에게 감사의 마음을 전합니다.

- 김지영

"결국, 우리는 우리가 사랑하는 것만 보존할 것이고, 우리가 이해하는 것만 사랑할 것입니다. 그리고 우리가 배운 것만 이해할 것입니다." – 환경운동가 바바 디오움(Baba Dioum) 박사의 1968년 세계자연보전연맹 총회 연설 중에서

최근 읽은 두 권의 책 서문에 바바 박사님의 연설이 실려 있었습니다. 처음에는 읽자마자 무릎을 탁! 쳤어요. 우리는 아직 지구에 관해 너무도 모르는구나 싶어서요. 그리고 다시 읽었을 때는 안타까운 마음이 들었습니다. 저도 아직 갈 길이 멀지만, 지구를 함께 이해하려 노력하자고 말을 건넬 친구들을 만나는 기회가 생각보다 적어서요. 수업과 각종 활동으로 한 해 동안 학교에서 만날 수 있는 친구들은 고작 150명 정도고, 그렇게 20년을 쉬지 않고 일하면 3,000명과 만납니다. 유튜브 실버 버튼을 받은 채널 구독자 수의 3%밖에 안 되더라고요.

조금이라도 더 많은 친구와 지구에 관해 생각하고, 이야기 나눌 방법을 고민하고 있었습니다. 그래서 '가치를 꿈꾸는 과학 교사 모임' 선생님들과 함께 지구 이야기를 담은 책을 쓸 기회가 왔을 때, 제 능력을 의심하면서도 이 기회를 잡지 않을 수 없었어요.

우리별 지구는 대단히 소중하고 아름답고, 그만큼 거대하고 복잡합니다. 이 책에 담은 이야기 역시 극히 일부일 뿐이지요. 한 가지

확실한 것은 지구는 우리 몸처럼 매우 복잡하고 모든 것이 연결된 하나의 시스템이며, 누구도 정확하게 이해하고 있지 않다는 사실입니다.

나무를 희생시켜 가며 담은 이야기인 만큼, 지구를 알아가는 데 조금이라도 보탬이 되기를 희망합니다. 여기에 담아 보낸 이야기, 그 이야기와 관련한 여러 이야기를 가능한 많은 이들과 나눌 수 있기를 바랍니다. 지구생활자로서 지구에 관해 이해하려 노력하고, 그만큼 사랑하고, 보존할 테니까요. 다음 글귀를 전하며 이야기를 시작해 봅니다.

"참을성 많은 이 행성이 없어진다면, 그 위에 세울 좋은 집이 무슨 소용이 있겠는가?" - 미국의 철학자이자 작가, 헨리 데이비드 소로 〈해리슨 블레이크에게 보낸 편지〉(1860.5.20) 중에서

- 서윤희

목차

서문   4

1. 휘몰아치는 지구

꺼지지 않는 산불   16

산불은 어떻게 시작될까?   18

산불의 역설,
다양한 생명이 살아가는 숲을 만들다   23

호주에 산불을 낸 범인이 바다와 대기라고?   25

인도양 쌍극자의 나비효과   29

아한대 숲 타이가가 사라지고 있다   32

지구 평균 기온이 2°C 높아졌다   35

2. 더 이상 물러설 곳 없는 위기의 지구

공룡이 우리에게 남긴 교훈   42

인류, 새로운 지질시대를 열다   46

기후위기의 주범은 인간, 이제는 인정할 때   48

산업혁명과 함께 온 이산화탄소의 시대   53

탄소 농도 그래프, 어디까지 올라가는 거예요?   57

30년간 계속된 기후 협의   61

기후위기로 살아갈 곳을 잃은 사람들   69

국경을 넘는 탄소, 책임은 누구에게?   73

위기에 처한 지구인   77

지구를 지키는 동료 시민으로 살아가기   83

3. 지구를 감싸는 대기

방랑자의 숨으로 채워진 대기   94

오존, 물에서 육지로 생물들을 초대하다   97

오존층, 이대로 정말 괜찮을까?   102

우리가 마시는 지표 근처 대기는 깨끗할까?   110

내 주변 대기가 깨끗한지 확인해볼까?   113

미세먼지는 '먼지'일까?   117

황사와 미세먼지는 달라요   119

미세먼지가 만들어지기까지   121

먼지를 날리며 달리는 사람들   125

미세먼지만큼 늘어나는 온실기체   128

전기자동차는 정말 친환경일까?   131

실내 공기 질은 무엇으로 결정될까?　　　　133

우리도 깨끗한 실내 공기를 누릴 권리가 있다　　　　142

창문을 열어 실내 공기 질을 높여요　　　　147

우리가 청소를 해야 하는 이유　　　　151

대기는 우리 삶을 반영한다　　　　155

4. 물을 품은 지구

지구의 물은 어디서 왔을까?　　　　164

모든 생명의 근원, 물　　　　170

깊고 뜨거운 바닷속, 공생의 비밀　　　　173

바다로 스며드는 방사능　　　　179

소리 없는 울음바다　　　　184

바닷물도 마셔요　　　　189

땅 위를 흐르는 물길, 하천수　　　　194

땅속을 흐르는 지하수　　　　199

생수기 기후위기에 끼치는 영향　　　　207

물을 펑펑 쓴 대가는 어떻게 돌아올까?　　　　211

5. 요동치는 순환의 땅

판의 움직임으로 만들어진 빙하   218

빙하도 녹고, 영구동토층도 녹고   221

화산 폭발이 기후에 미치는 영향   227

모든 순환의 중심, 지권   229

탄소 순환을 깨뜨린 인류   232

질소도 돌고 돌아요   235

모든 순환의 중심   237

인공물이 넘쳐나는 지구   239

6. 지구를 둘러싼 우주

위기의 지구를 대신할 행성 찾기   246

우리, 지금 외계 문명과 만나도 정말 괜찮을까?   253

바다 행성의 주민에게는 아가미가 있을까?   261

이 우주 속 지구는 결국 나   263

1

휘몰아치는 지구

1

꺼지지 않는 산불

2023년 4월 말 캐나다에 산불이 발생했습니다. 산불 피해 지역은 캐나다 전역으로 넓어졌어요. 캐나다 전국 모든 소방관을 동원해도 진화가 어려워서 캐나다 정부에서는 진화를 포기하고 사람들을 구하는 데 집중했답니다. 이 산불은 진화되기까지 무려 5달이 걸렸어요.

몇 달 동안 계속된 산불로 인한 연기는 캐나다뿐만 아니라 미국 뉴욕, 워싱턴 등 전 세계 수백 개 도시의 1억 명이 넘는 사람들에게 영향을 미쳤어요. 미국 항공 우주국(NASA)이 공개한 위성 영상을 보면 산불 연기는 멕시코, 칠레 등 중남미와 스페인, 포르투갈 등 유럽까지 도달했습니다. 미국에서는 17개 이상 주에서 공기 질 경보를 발령하기도 했어요.

사실 지구에서는 항상 무언가가 불타고 있어요. 산불은 번개나 사람에 의해 우발적으로 시작되죠. 사람들은 제어할 수 있는 불을 사용해 농지와 목초지를 관리하고 농지의 자연 식생을 제거합니다. 화재는 많은 양의 대기오염 물질과 온실기체를 내뿜고, 의도치 않게 생태계를 악화시킬 수 있어요. 천연자원과 인간이 만든 마을이나 도시를 파괴할 수도 있습니다. 또 불이 난 지역에 비가 내리면 홍수, 토석 흐름, 산사태, 수질 오염 등의 재앙이 일어날 수도 있지요.

하지만 불이 나쁘기만 한 건 아니에요. 죽은 덤불과 죽어가는 덤불을 치워 생태계를 건강하게 회복시키는 데 도움이 되기도 합니다. 고위도[1] 삼림에서는 번개에 의해 정기적으로 산불이 발생해요. 일부 침엽수는 불에 강하게 진화하여 씨앗을 퍼뜨리는 수단으로 불을 사용하기도 한답니다. 이처럼 아한대[2] 삼림과 초원을 포함한 많은 생태계에서 식물은 불과 함께 진화했고, 번식을 위해 주기적인 연소가 필요하다고 해요. 그래서 과학자들은 산불을 아한대 생태계의 자연스러운 부분으로 이해하고 있어요. 또한, 산불은 지권(땅)과 대기권, 기후를 연결하는 필수적인 연결고리기도 합니다.

---

1 지구에서 남극이나 북극과 가까운 곳.

2 온대와 한대의 중간으로, 위도 50~70도 사이.

2

산불은 어떻게 시작될까?

불이 나려면 연료와 산소, 그리고 열이 필요합니다. 연료에는 나무, 덤불, 마른 풀밭에서 집까지 탈 수 있는 모든 것이 포함되고요. 연료가 많을수록 불이 더 커질 수 있지요. 날씨가 건조할 때 뭐든 바짝 마른 상태면 잘 탈 준비가 된 겁니다. 가뭄이 절정에 달하는 더운 여름날에는 기차 바퀴가 선로에 스치며 만드는 작은 불꽃 하나로도 맹렬한 산불이 일어날 수도 있어요. 때로는 태양열이나 번개에 의해 산불이 자연적으로 발생해요.

지구는 항상 불타고 있지만, 매번 같은 지역은 아니에요. 선 세계 화재 지도를 보면 비슷한 시기에 불이 났다가 꺼지는 현상이 반복되고 있는 걸 볼 수 있습니다. 비와 바람, 번개 등 계절에 따라 발생하는 자연적인 순환의 결과지요. 캐나다의 아한대 삼림에서 여름에 발생하는 산불이 여기에 해당합니다.

　자연적으로 발생하는 불이 아닌 경우는 모두 인간 활동의 결과입니다. 모닥불, 담배꽁초, 폭죽 등 부주의에 의한 결과일 때도 있지만, 농사를 위해 일부러 불을 내기도 합니다. 농부들은 농지에 원치 않는 초목이 있으면 불을 질러 빠르게 토양으로 분해하고 농사를 지을 수 있는 땅으로 만들어요. 농작물과 가축을 기르기 위한 공간이나 길, 들판을 만들기 위해 오래된 숲에 불을 지르기도 하죠. 예를 들어 8월부터 10월까지 남미 중심부에서 발생한 격렬한 화재는 아마존 열대 우림에서 고의적이든 우발적이든 인간이 만든 거예요. 아프리카는 매년 건기에 농사를 위해 지른 불이 대륙 남북을 휩쓸어요. 동남아시아에서도 매년 늦겨울과 초봄에 농사를 위해 불을 지릅니다.

　산불은 초원에서 발생한 화재보다 빨리 번집니다. 산불은 바람, 경사면, 연료에 영향을 받아요. 경사면의 기울기가 10% 높아지면 산불이 번지는 속도가 2배가 되고, 20% 높아지면 4배 더 빠르게 번진다고 합니다. 산불이 위로 번지면서 위쪽에 연료가 될 수 있는 모든 것을 뜨겁게 달구기 때문에 불이 산을 타고 올라가면 번지는 속도가 빨라지게 되는 거죠. 그리고 바람이 불면 불씨가 바람에 날려 번지는 속도가 빨라집니다. 산불이 났을 때 바람이 심하면 불을 끄기 어려워지기도 해요.

공기 중 수증기량에 변화가 없다면 온도가 높을수록 공기는 건조해집니다. 온도가 높을수록 포화 수증기량[3]이 늘어나고, 공기가 품을 수 있는 수증기량이 늘어나면 증발이 잘 일어나죠. 하지만 풀, 나무, 땅에서 무한정 증발이 일어나지는 않아요. 비는 오지 않고, 기온이 높은 날씨가 이어지면 땅 위의 모든 것이 불타기 좋은 연료가 됩니다. 이런 날씨에 불이 나면 제어하기가 어렵고, 온도가 가장 높은 오후에는 산불이 더 격렬해져요.

사람들은 산불을 예방하기 위해 연료가 되는 물질을 제거합니다. 넓은 면적의 산림을 관리하기 위해 특정 지역에 일부러 산불을 내고 2~3일 뒤에 불을 끄는 방법도 있어요. 이를 '산불 처방'이라고 해요. 사람들이 제어할 수 있을 정도의 불을 내어 땅 위의 연료를 태워서 제거하는 거죠. 미리미리 작은 불을 내어 연료를 없애는 게 큰불을 예방하는 방법이 됩니다. 미국, 호주, 남아프리카공화국, 북유럽 국가 등에서 활용하고 있어요.

---

3 1m³의 공기가 함유할 수 있는 수증기의 최대 양.

오늘 불타고 있는 곳은 어디?

NASA에서는 위성이 매일 수집한 전 세계 화재 데이터로 '세계 화재 지도(Global Fire Map)'를 제작합니다. 홈페이지에서는 현재, 하루, 일주일 단위로 실시간 현황을 볼 수도 있고, 원하는 날짜부터 최대 1개월까지 지난 현황도 볼 수 있습니다.

지도를 만드는 데 필요한 화재 데이터는 인공위성으로 수집해요. 위성은 관측 후 3시간 이내에 수집한 자료를 산불 관리 담당 기관에 보냅니다. 위성은 하루에도 여러 번 지구를 관찰하며 새로 발생한 산불을 찾아내거나 기존 산불의 변화를 추적해요.

전문가들은 불이 지표면을 어떻게 변화시키는지, 생명과 생태계의 건강에 어떤 영향을 미치는지, 대기의 화학적 성질을 어떻게 변화시키는지 등등 지구 환경에서 불이 하는 역할을 더 잘 이해할 수 있도록 관측합니다. 완성된 화재 지도는 과학자들이 지구의 환경과 기후 시스템을 더 잘 이해하는 데 도움을 줍니다.

세계 화재 현황 (2024.1.5. 웹 사이트 QR코드)
https://firms.modaps.eosdis.nasa.gov/map

3

산불의 역설,
다양한 생명이 살아가는 숲을 만들다

적당한 산불은 숲에 오히려 좋은 영향을 주기도 합니다. 이런 주장을 '산불의 역설'이라고 해요. 산불이 발생했던 숲에서는 산불이 발생하지 않았던 숲에서보다 나무들이 잘 자라고, 생활하는 생물의 종도 다양해져서 건강한 생태계를 이룬다는 거예요. 만약 어떤 숲에서 자라는 나무의 수가 포화 상태가 되면, 그 지역의 토양, 기후 등에 적합한 나무들만 자라게 됩니다. 그런데 특정한 종류의 나무가 숲을 가득 채우면 그 나무를 먹지 않는 동물은 살기 힘들고, 다른 식물들은 나무에 영양분을 빼앗겨서 잘 자라지 못하죠. 이렇게 숲의 다양성이 낮아지면, 숲 생태계는 서서히 파괴될 수밖에 없어요. 그런데 숲 바닥에 쌓인 줄기나 잎이 산불의 연료 역할을 해서 종종 산불이 자연스럽게 발생해요. 그러면 숲에 사는 개체들이 불타 사라지고 처음부터 다시 시작하기 때문에 다양한 종류의 나무들이 자랄 기회가 생기게 되죠. 실제로 산불이 난 곳에서는 희귀한 곤충이나 동물을 볼 수 있기도 하고 불이 나기 전에는 볼 수 없었던 식물들이 자란다고 해요.

산불은 불이 난 지역의 지형과 불이 났을 때의 날씨, 불에 탄 식물의 종류와 양 등에 따라 여러 종류로 나눌 수 있어요. 여러 종류의 산불이 난 지역일수록 생물 다양성이 높아진다는 연구 결과도 있답니다. 미국에서 산불의 종류를 나누고, 산불이 발생하고 1~10년 후에 그 지역에 사는 새 종류를 살펴보았더니 여러 종류의 산불이 난 지역일수록 더 많은 종류의 새가 살고 있었다고 해요. 우리나라에서도 2000년에 강원도 고성, 강릉, 삼척 일대에서 발생한 산불의 영향으로 큰 나무는 줄었지만, 여러 종류의 풀과 식물이 자라 산불이 나기 전보다 더 다양한 곤충이 살게 되었어요. 곤충은 꽃가루를 나르거나 씨앗을 옮겨주고, 다른 동물의 먹이가 되고, 토양을 기름지게 해요. 즉, 곤충 종류가 다양해지면 동물과 식물의 종류도 늘어날 수 있어요.

4

호주에 산불을 낸 범인이 바다와 대기라고?

문제는 대규모 산불입니다. 너무 큰 산불은 생태계 복원 자체를 어렵게 만들어 버립니다. 대표적인 사례로 2019년 6월 초, 호주 남동부 지방에서 발생한 산불이 2020년 5월까지 10개월이 넘게 지속되었어요. 한반도 면적의 2배가 넘는 넓이의 삼림이 불타고, 이재민이 10만 명 이상 발생하고, 약 30억 마리 동물이 죽었다고 해요. 코알라 서식지인 유칼립투스 숲의 80%가 사라졌고, 코알라가 독자적으로 생존할 수 없는 '기능적 멸종 상태'가 되었다는 분석도 나왔습니다. 결국 이 산불 이후 코알라는 멸종위기종으로 지정되었어요. 호주에서 발생한 연기는 뉴질랜드를 뒤덮었고, 바다 건너 남아메리카까지 날아가 칠레, 페루, 아르헨티나까지 다다랐습니다.

호주에서는 보통 8월에 자연적으로 산불이 납니다. 그런데 2019년에는 기록적인 고온과 유례없는 가뭄이 땅을 건조하게 만들었고, 매년 산불이 시작되는 시기보다 훨씬 이른 6월에 마른벼락으로 산불이 시작되었어요. 호주 산불이 배출한 먼지가 햇빛을 가려 지표 온도를 4.4°C까지 떨어뜨렸는데 화산폭발과 맞먹는 영향이었어요. 그뿐만 아니라 산불 연기가 성층권까지 치솟아 성층권 온도를 높였고, 오존층을 파괴해 구멍을 만들었습니다. 산불 연기 속 검은 그을음이 햇빛을 잘 흡수하는 데다 표면에서 화학반응이 일어나기 때문이에요. 기간도 길고 규모도 큰 만큼 산불로 인한 피해도, 영향도 컸어요. 이렇게 거대한 산불이 발생한 까닭으로 과학자들은 '인도양 쌍극자'를 지목했습니다.

태평양에서 일어나는 엘니뇨[4], 라니냐[5]와 비슷하게 인도양에서는 인도양 쌍극자 현상이 발생해요. 이 현상은 '인도 니뇨(Indian Niño)'라고도 불려요. 인도양 서쪽 해수면 온도가 따뜻해졌다가 차가워졌다가 하는 진동 때문에 발생하는 현상으로, 발생 빈도가 불규칙합니다. 인도양의 열대 바다는 대서양이나 태평양과 달리 북쪽이 대륙으로 막혀 있어 열을 분산시키지 못해요. 무역풍의 영향도 적어 열

---

4 적도 부근 동태평양의 해수면 온도가 평상시보다 높은 상태로 수개월 이상 지속되는 현상.

5 엘니뇨의 반대 현상. 적도 부근 동태평양의 해수면 온도가 평상시보다 낮은 상태로 수개월 이상 지속되는 현상.

을 분산하기에 더 불리해요. 그 결과 열이 갇히는 효과가 발생하죠. 1999년에 기후학자들에 의해 처음 확인되었고, 과학자들은 해수면 온도 차가 대기에 영향을 주고, 인도양 양쪽에 가뭄과 홍수를 일으키는 과정을 이해하게 되었습니다.

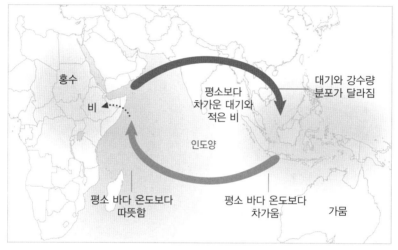

인도양 쌍극자 현상의 발생 과정

그림처럼 인도양 서쪽 바다가 따뜻해지는 시기에는 따뜻하고 습한 공기가 상승해 비구름을 만들고 아프리카 동쪽에 비를 내립니다. 그에 비해 인도양 동쪽 바다는 상대적으로 온도가 낮아 공기가 하강하고 비가 오지 않아 가물게 됩니다. 2019년에는 유난히 인도양 서쪽과 동쪽의 표면 온도 차이가 컸어요. 무려 60년 만에 가장 큰 온도 차였다고 해요. 과학자들은 지구온난화로 인해 온도 차가 커졌다고 설명했습니다. 지구온난화로 발생한 열의 90% 이상을 바다가 흡수하기 때문이에요.

5

인도양 쌍극자의 나비효과

'나비효과'란 나비가 펄럭, 한 번 날갯짓하는 아주 작은 변화가 예상치 못한 엄청난 결과나 영향으로 이어질 수 있음을 뜻하는 말이에요. 인도양 쌍극자가 심해져 호주가 가뭄에 시달리는 동안 동아프리카에는 폭우가 쏟아졌어요. 지구가 가진 물의 양은 변하지 않으니, 한쪽에서 강수량이 적어지면 그만큼 다른 곳에서 강수량이 늘게 됩니다. 동아프리카에는 2019년 10월부터 두 달 동안 비가 내렸고, 300만 명이 수재민이 되었으며 수백 명이 죽었습니다. 그리고 따뜻하고 습한 동아프리카 날씨는 메뚜기가 늘어나기에 딱 맞았어요. 지나간 곳에 남는 게 없는 것으로 유명한 사막 메뚜기 떼가 4,000억 마리까지 늘어났고, 축구장 10만 개 넓이에 이르는 농장을 파괴했습니다. 동아프리카에는 원래도 기아에 시달리는 국가가 많았는데 메뚜기 떼가 늘어나는 바람에 더 어려움을 겪었어요.

호주 산불을 끈 건 사람이 아닌 자연이었어요. 산불이 너무 커져서 손댈 수 없자 사람들은 비가 내려 불이 자연적으로 꺼지기만을 기다렸지요. 비가 내리며 산불은 꺼졌는데, 또 다른 재앙이 시작되었습니다. 폭우가 계속된 것입니다. 호주에는 지난 몇 년 중 가장 큰 비가 내려 홍수가 발생했고, 2만 명이 넘는 수재민이 생겼어요.

게다가 평소에는 꽤 많은 비가 내려도 나무와 풀이 땅을 잡아주고 있어서 쉽게 산사태가 일어나지 않았습니다. 그런데 당시 호주는 산불로 나무와 풀이 다 타버려서 지반이 약해져 있었고, 강풍, 우박, 뇌우를 동반한 폭우에 산사태가 발생했어요. 사람들은 산불에 탄 나무, 흙, 돌의 재와 잔해가 빗물에 쓸려 강이나 식수원을 오염시킬까 봐 걱정했습니다.

산불도, 홍수도 끝난 여름과 가을에는 비가 계속 내리고 시원한 날씨가 이어졌습니다. 그리고 이런 날씨는 쥐가 번식하기에 좋은 환경이었어요. 쥐는 태어나서 6주가 지나면 번식을 시작할 수 있고, 한 쌍이 최대 500마리까지 낳을 수 있다고 해요. 화재, 우박, 폭우, 홍수 등 기후 재난을 연이어 겪은 호주가 이번에는 쥐 떼로 몸살을 앓았습니다. 갑자기 수가 늘어나 굶주린 쥐 떼들은 농작물은 물론 전선, 탕비실, 자동차까지 갉아 먹었어요. 무려 농가 80%가 피해를 보았다고 해요. 뉴사우스웨일스주 웰링턴 교도소에는 쥐 떼가 난입해 시설의 천장과 전선 등을 갉아 먹었고, 직원과 수감자의 안전을 위해 600명이 넘는 인원이 다른 시설로 옮겨가기도 했습니다.

6

아한대 숲 타이가가 사라지고 있다

　　캐나다 산불은 불이 처음 발생한 지 약 5달이 지난 2023년 9월에야 꺼졌습니다. 캐나다는 인도양과 붙어 있는 것도 아닌데 왜 이렇게 불이 커졌을까요? 캐나다에는 2023년 초부터 7월 중순까지 4,200건이 넘는 산불이 발생했어요. 이맘때 늘 발생하던 산불과는 양상이 달라서, 아주 오래 불탔지요. 게다가 7월 말에는 미국 워싱턴주에서 발생한 산불이 캐나다 국경으로 번져 다시 불길이 커질 위험에 처하기도 했지요. 캐나다는 세계에서 3번째로 산림이 많은 국가로 30년 만에 최악의 산불 피해를 보았고, 이 산불로 10억 톤이 넘는 이산화탄소가 배출되었을 거라 합니다.

　　캐나다 산불이 워낙 커서 집중 받지 못했지만, 시베리아에서도 산불이 계속 일어나고 있습니다. 시베리아에도 산불이 자주 발생하는 '산불 계절'이 있어요. 그렇다고 매년 산불이 나는 건 아니었지요. 2023년 7월에 30°C가 넘는 이상 고온이 계속되고, 마른벼락으로 러시아 북동부 사하공화국에 있는 침엽수림에 불이 붙은 뒤로 이 산불은 제주도 면적의 3분의 1만큼을 태우고도 매일 20~30건의 새로운 불로 번졌어요. 불이 난 곳 중에는 사람이 접근하기 어려운 곳이 많아서 항공기로 인공 강우를 시도했지만 불을 다 끄지는 못했어요. 사하공화국은 러시아에서도 가장 추운 지역에 속하는 곳입니다. 원래도 자주 산불이 발생하긴 했지만, 최근에는 매년 여름마다 산불이 발생하고 있어요. 2021년 여름에는 기온이 48°C까지 올랐고, 이 폭염으로 인해 150년 만에 가장 건조한 날씨가 이어졌으며, 결국 3주 동안 산불이 진화되지 않아 서울의 140배가 넘는 면적이 불에 탔습니다.

아한대 기후 지역은 온대 기후 지역과 한대 기후 지역 사이에 위치합니다. 남반구는 이 위치에 육지가 거의 없고, 북반구 고위도 50~70° 사이 넓은 육지에서 아한대 기후의 특징이 나타납니다. 겨울은 길고 추우며, 여름은 겨울보다 짧고 따뜻하거나 서늘하죠. 지구에서 기후 변화가 가장 극단적인 곳이에요. 겨울에는 기온이 영하 50°C 아래로 떨어지고, 여름에는 영상 26°C보다 높게 올라가기도 하거든요. 하지만 여름이 짧아서 겨울 동안 얼었던 땅을 녹이지는 못해요. 그래서 이 지역에는 영구 동토층이 넓게 분포합니다. 이런 극한 기후에서는 숲을 이루는 식물이 다양하기 어려워요. 러시아와 캐나다의 숲은 대부분 침엽수가 빽빽하게 자라고 있어서 '타이가'라고 불립니다. 타이가는 지구 육지 면적의 17%를 차지할 정도로 넓어 지구에서 가장 큰 육상 생물군계입니다.

폭염과 가뭄, 산불이 계속되며 아한대 숲이 줄어들고 있어요. 기온이 높아지면 토양이 품고 있던 수분이 날아갑니다. 이렇게 증발이 계속되면 토양은 건조해져요. 건조해진 토양은 같은 태양열을 받아도 온도가 더 쉽게 올라요. 그러면 다시 증발이 일어나고, 건조해지고, 온도가 오르죠. 과학자들은 이 과정을 '토양-대기 피드백(되먹임)'이라고 합니다. 토양이 완전히 마를 때까지 토양-대기 피드백이 계속되어, 폭염이 시작되면 가뭄과 산불이 연달아 일어나게 되는 거죠.

7

지구 평균 기온이 2℃ 높아졌다

2016년 이후로 전 세계 폭염이 늘고 있고, 2023년에는 전 지구 평균기온마저도 최고 기록을 넘었어요. 교과서에는 지구 평균기온이 15℃라고 되어 있는데, 2023년 7월에는 지구 평균기온이 17℃를 넘었답니다. 혹시 '고작 2℃ 높아졌네'라고 생각했나요? 아주 작은 수치 변화라고 생각할 수 있어요. 하지만 전체 평균기온이 1℃ 높아지는 건 엄청난 일이랍니다. 우리는 손끝이나 발끝 온도가 1~2℃ 올랐다고 걱정하지 않아요. 하지만 몸 전체의 온도, 체온이 38℃가 넘어가면 해열제를 먹거나 병원에 갈 정도로 심각하게 받아들이죠. 이처럼 지구 전체 온도가 1~2℃ 올랐다는 건 정말 큰 변화입니다. 대단히 많은 지역에서 동시에 폭염을 겪고 있다는 거죠.

과학자들은 이렇게 극한 폭염이 여러 지역에서 동시에 발생하는 원인으로 중위도 편서풍의 좁은 띠인 '제트기류'를 지목했어요. 태양열이 지구에 도달해 땅을 데우면 뜨거워진 땅은 그 위의 공기를 데워요. 고위도에는 태양열이 적게 도달하고, 저위도에는 태양열이 많이 도달하기 때문에 고위도에는 차가운 공기, 저위도에는 따뜻한 공기가 만들어집니다. 제트기류는 차가운 고위도 공기와 따뜻한 저위도 공기가 만나는 중위도에서 만들어져요. 두 공기의 기온 차가 클수록 풍속이 빨라지죠. 남북의 기온 차가 작아지면, 제트기류의 속력이 느려지고 경로가 휘어져 물결치게 됩니다.

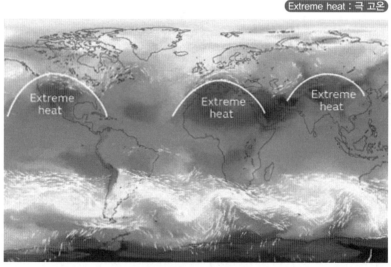

Extreme heat : 극 고온

정체된 제트기류는 현재 북미, 유럽 및 아시아 일부 지역에서 열을 가두고 있다.
(출처: 영국 기상청)

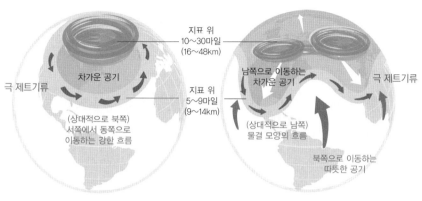

지표 위
10~30마일
(16~48km)

차가운 공기

극 제트기류

지표 위
5~9마일
(9~14km)

(상대적으로 북쪽)
서쪽에서 동쪽으로
이동하는 강한 흐름

남쪽으로 이동하는
차가운 공기

극 제트기류

(상대적으로 남쪽)
물결 모양의 흐름

북쪽으로 이동하는
따뜻한 공기

제트기류는 약해질수록 물결친다.
(출처: NOAA)

전 지구 기온이 높아지는 가운데, 북극은 다른 지역보다 기온이 빠르게 높아져 남북의 기온 차가 작아졌어요. 다른 지역에서 기온이 1°C 오를 동안 북극에서는 2.5°C 정도 올랐다고 해요. 과학자들은 다른 지역보다 북극의 기온이 빠르게 오르고 있다는 사실을 관측을 통해 알고 있었고, 오래전부터 지구온난화로 제트기류가 약해질 것으로 예측해 왔습니다. 실제로 제트기류는 매우 느려졌고 경로는 더욱 구불구불해졌어요. 제트기류는 빠르게 이동하며 북극의 찬 공기와 열대의 따뜻한 공기 사이에서 경계를 이루고 있었는데, 경로가 구불구불해지면서 열대의 따뜻한 공기가 북쪽으로 이동하게 되었습니다. 유럽 남부, 북미 남부, 중국 동부와 같은 일부 지역에서는 열을 품은 제트기류가 머무르며 극심한 폭염을 일으켰어요. 폭염은 가뭄과 산불로 이어질 수도 있다고 했죠? 그렇게 아한대 숲, 타이가는 점점 티들어 가고 있어요.

더 큰 문제는 아한대 지역이 원래도 강수량이 많지 않고, 불에 잘타는 침엽수가 많은 숲인 데다가, 아주 넓은 지역을 차지하고 있다는 점입니다. 산불이 나면 많은 이산화탄소가 발생해요. 숲이 줄어들면 그만큼 숲이 흡수하는 이산화탄소량도 줄게 되죠. 그렇게 대기중 이산화탄소량은 늘어납니다.

아한대 지역은 영구 동토층이 널리 분포되어 있는 곳이에요. '영구 동토층'은 여름에도 녹지 않고 2년 이상, 일 년 내내 항상 얼어붙어 있는 퇴적물, 토양 또는 기반암을 말해요. 영구 동토층에는 현재 대기에 이산화탄소로 존재하는 탄소량의 최소 2배가 넘는 탄소가 포함되어 있어요. 영구 동토층이 녹으면 토양 속 탄소가 메탄과 이산화탄소로 배출됩니다. 메탄은 이산화탄소보다 온실효과에 더 큰 영향을 미치는 기체입니다. 그러면 지구온난화가 더 빨라지겠죠? 이대로라면 남북의 기온 차는 더 줄어들 테고, 제트기류는 더 느려질 것입니다.

폭염과 가뭄으로 토양이 품고 있는 수증기가 대기 중으로 증발하게 되면 그다음은 폭우로 이어질 수 있어요. 기온이 1°C 높아지면,

대기 중의 수증기는 7% 더 많아진다고 해요. 그렇게 대기가 수증기를 많이 품고 있으면 결국 더 큰 비를 내리게 됩니다. 실제로 우리나라에서도 폭염이 이어지는 가운데 폭우가 내리는 현상이 나타나고 있어요.

폭염과 가뭄이 이어지면 땅이 바짝 마르면서 단단해져요. 단단해진 토양 위로 큰비가 오면 땅이 마치 아스팔트처럼 물을 흡수하지 못해요. 토양 위에 여러 자연 물질이 쌓여있을 때도 마찬가지입니다. 유기물이 말라버리면 토양 위에 새로운 층을 형성하는데, 이 역시 물이 토양으로 흡수되는 것을 방해하죠. 토양 위에 물이 고이고, 기울어진 쪽으로 흐르면 홍수가 일어날 가능성이 커져요. 그렇게 폭염과 가뭄은 폭우를 부르고, 홍수가 이어지는 극한 날씨의 종합세트가 됩니다. 그리고 지금까지 살펴본 모든 이야기에는 지구계를 구성하는 온갖 요소가 얽히고설켜 있습니다. 지구에서 일어나는 현상을 이해하려면 '지구계'를 먼저 알아야 하는 이유이기도 하죠.

2

더 이상 물러설 곳 없는
위기의 지구

1

공룡이 우리에게 남긴 교훈

누구나 한 번쯤 무려 1억 6,500만 년 동안이나 지구에 번성했던 공룡이 소행성 충돌로 인해 멸종되었다는 이야기를 들어봤을 거예요. 이 심오한 사건은 약 6,600만 년 전 어느 행성에도 속하지 못하고 떠돌던 거대한 소행성이 한순간 지구의 힘에 이끌려 멕시코 유카탄반도 부근 해안에 쿵! 하고 떨어지면서 시작되었죠.

멕시코의 칙술루브라는 도시와 가까워 이름 붙여진 '칙술루브 대충돌'의 위력은 인류가 만들어낸 가장 강력한 수소폭탄인 '차르 봄바'의 1억 배에 달하는 위력이었다고 합니다. 이 충돌은 엄청난 충격과 함께 거대한 쓰나미를 일으켰고, 지구의 역사에 지울 수 없는 흔적을 남겼지요. 혼돈 속 '대량 멸종 사건'의 증거는 'K-T 경계층(백악기-제3기 경계층)'이라 불리는 미세한 지층에 고스란히 남아 있습니다.

백악기 말에 발생한 소행성 충돌이 공룡의 멸종과 연관되었다는 가설은 지질학과 대학원생이던 월터 앨버레즈(Walter Alvarez)가 이탈리아 협곡에서 수집한 지층 표본에서 시작되었습니다. 월터는 노벨 물리학상을 받은 실험 물리학자였던 아버지 루이스 앨버레즈(Luis Alvarez)와 표본을 분석했어요. 이 작은 돌멩이는 두께 1cm의 얇디얇은 진흙층을 경계로 위아래 석회암층에 분포하는 유공충[1] 화석의 크기가 확연히 달랐어요. 이것이 후에 지구 역사상 위대한 발견 중 하나인 '백악기 말 K-T 대멸종'의 첫 번째 증거가 되었습니다.

앨버레즈 부자는 이 진흙층이 약 6,500만 년 전에 쌓인 것이며, 이리듐이라는 원소가 많이 포함되어 있다는 것을 알아냈습니다. '이리듐(Ir)'은 지구의 암석에서는 보기 드문 희귀한 원소예요. 오히려 외계의 운석에 훨씬 많이 포함되어 있죠. 그래서 앨버레즈 부자는 이 지층이 수많은 작은 운석들의 충돌로 남은 흔적이라고 분석했어요. 그런데 로런스 버클리 연구소의 핵 화학자들의 도움으로 좀 더 정밀하게 분석해 보니, 이 지층의 이리듐 원소 농도가 다른 지층의 30~40배에 달한다는 사실이 밝혀졌습니다. 이는 이상하리만큼 높

---

1 '유공충아문'에 속하는 단세포 생물을 두루 일컫는 명칭. 껍데기는 석회질이나 규산질로 이루어져 있고, 맨눈으로 볼 정도로 크다. 속에 알갱이가 든 것처럼 움직이는 세포질이 특징이다. 껍데기의 작은 구멍에서 실 같은 발을 내밀어 먹이를 먹는다. 캄브리아기부터 지구상에 나타났으며 지금까지도 현생종이 남아 있는 매우 오래된 생물이다.

은 수치로, 작은 운석의 충돌로는 나올 수 없는 수치였죠. 연구자들은 운석보다 훨씬 더 거대한, 지름이 6~14km에 이르는 소행성이 충돌해 K-T 경계층이 생성되었다고 결론지었습니다.

이들은 더 나아가 1980년 어느 날, 세상이 놀랄만한 파격적인 가설을 내놓았습니다. 어마어마한 소행성의 충돌로 공룡을 비롯한 지구 생명체의 4분의 3이 사라졌다고요. 하지만 그 당시 대부분 과학자는 공룡이 극심한 기후 변화에 적응하지 못해 멸종했다고 생각하고 있었기 때문에 이 가설은 비웃음만 샀어요. 그때는 아직 공룡 멸종 시기와 일치하는 대형 충돌 분화구가 발견되지 않아 증거가 부족하기도 했고요. 하지만 1996년, NASA의 과학위성을 이용한 중력탐사로 너비 150km, 깊이 약 20km에 달하는 '칙술루브 크레이터'의 존재가 확연해졌습니다.

최근에 이어진 정밀한 연구 끝에 칙술루브 크레이터에서 채취한 암석 코어 시료에서는 대량의 소행성 먼지가 확인되었어요. 또한, 칙술루브에서 3,000km 떨어진 미국 노스다코타의 '지옥 계곡 지층'에서는 이 시기에 소행성 대충돌로 죽은 동식물의 화석이 무더기로 발견되기도 했죠. 뒤엉켜 쌓여있는 사체들의 모습은 소행성 충돌로 휘몰아쳤던 공포를 떠올릴 수 있을 만큼 오싹합니다. 고대 물고기 화석들과 바짝 타버린 침엽수 가지들, 공룡 뼈, 암모나이트 화석 무덤들이 소행성 충돌설의 증거를 뒷받침했지요. 물고기 화석의 아가미에서는 미세한 구슬 모양의 '텍타이트(Tektite)'가 발견되었습니다. 텍타이트는 소행성이 지구와 충돌할 때 녹은 암석 입자가 하늘 높이 튕겨 올라갔다가 식으면서 미세한 구슬 모양으로 굳어져 떨어진 거예요. 바다로 우수수 떨어진 텍타이트를 물고기가 흡입하면서 보존된 것이지요.

소행성 충돌이 아니라, 그 이전에 인도에서 발생한 대규모 화산폭발로 인해 이미 공룡이 멸종으로 몰리고 있었다는 주장도 있습니다. 화산폭발이든 소행성 충돌이든, 그로 인해 발생한 미세한 입자들이 하늘을 잿빛 수의로 뒤덮어 햇빛을 싹 가려버렸어요. 급격한 태양에너지의 변화로 인해 찬란했던 동식물들의 생명은 어둠 속에 몸을 굽혔고, 생태계는 아래에서부터 빠르게 붕괴했습니다. 영원할 것만 같았던 거대 생명체들은 그렇게 오늘날 우리에게 상상력과 통찰력만을 남긴 채 지구에서 깡그리 사라졌지요. 이렇게 지구 생명의 연속성이 무참히 끊어지면서 새로운 진화의 역사가 펼쳐지게 되었습니다. 연약한 포유류가 번성했고, 이는 인류의 탄생과 진화로 이어졌지요. 그리고 지금은 '슬기로운 사람'이라는 뜻의 '호모 사피엔스'가 지구의 최강자로 군림하고 있는 듯 보입니다.

2

인류, 새로운 지질시대를 열다

　오존층파괴의 원인을 밝혀내 노벨화학상을 받은 파울 크뤼천(Paul Crutzen)은 인류 문명의 끝없는 발전으로 인한 지구 환경의 극적인 변화를 강조하기 위해 새로운 지질시대 개념인 '인류세(人類世, Anthropocene epoch)'라는 용어를 대중화시켰습니다. '인류세'를 잘 보여주는 징표로는 방사성 물질과 플라스틱, 그리고 전 세계에서 사육되어 한해에 600억 마리씩 소비되고 있는 닭의 뼈 등이 거론되었어요.

　인류세의 국제표준층서구역(GSSP)[2]으로는 후보지 12곳 중에 강력한 지질학적 증거와 논리를 가지고 있는 캐나다 온타리오주의 '크로

2　지구의 변화를 선명히 보여주는 일종의 대표 지층을 이른다.

퍼드 호수 진흙층'이 최종적으로 선정되었습니다. 한 바퀴를 도는 데 10분이 채 걸리지 않는 크로퍼드 호수 밑바닥의 퇴적층에는 13세기 원주민의 옥수수 재배, 19세기 중반의 이주민이 벌목한 흔적, 그리고 1945년 7월 최초의 원자폭탄 실험을 시작으로 1963년 핵 실험 금지 조약에 이르기까지 실행된 수백 건의 핵 실험으로 지구 전역으로 흩어져 가라앉은 플루토늄(Pu)의 농축 흔적이 띠를 이루며 기록되어 있습니다. 그리고 화석연료 발전소에서 발생하는 구형탄소입자(SCP)와 화학비료의 사용으로 인한 질산염 농도의 차이도 담겨 있어요.

2024년 8월, 부산에서 개최되는 제37차 세계지질과학총회에서 인류세가 최종 승인되면 빙하기 이후 1만 1,700년 동안 이어온 '홀로세(Holocene)'가 막을 내리고, 우리는 '신생대 제4기 인류세 크로퍼드 절'에 살게 됩니다. 앞으로 우리는 인류세의 지층 속에 어떤 사건들을 새겨나가야 할까요? 인류의 활동이 지금까지와는 다른, 공존의 이야기로 채워나가길 희망해봅니다.

3

기후위기의 주범은 인간,
이제는 인정할 때

2022년 크리스마스를 앞둔 겨울 북미 대륙에는 사나운 눈 폭풍이 불어닥쳤습니다. 이미 2021년에도 겪은 일이었어요. 사시사철 온난한 기후였던 텍사스에 한파가 닥치자 난방을 위해 전력 수요가 늘면서 정전되어 텍사스 오스틴의 공장들의 가동이 중단되었습니다. 이 일로 삼성전자 공장도 무려 한 달 동안 셧다운되어 약 5천억 원의 경제적 손실을 입었어요. 유엔대학 환경 및 인간 안보연구소 (UNU-EHS)의 '상호 연결된 재해 위험 2020/2021' 보고서에 따르면, 38°C까지 치솟았던 북극권 베르호얀스크의 폭염 현상이 영하 18°C까지 얼어붙었던 텍사스의 한파와 연결되어 있답니다. 북극 기온이 높아지면서 '극소용돌이'의 움직임이 불안정해졌고, 극소용돌이에 갇혀있던 찬 공기가 북아메리카 쪽으로 내려가 텍사스의 한파로 이어지게 되었다는 거죠.

반면에 유럽의 겨울은 이상하리만큼 춥지도 않고, 내리던 눈도 감감무소식이었습니다. 스페인 북쪽 빌바오 지역은 겨울 기온이 25°C에 이르면서 날씨가 여름과 다를 바 없었죠. 이러한 이상고온 현상으로 유럽 곳곳의 유명 스키장은 운영에 어려움을 겪었고, 스페인 남쪽 말라가 해변의 시민들은 겨울 해수욕을 즐기면서도 지구온난화에 대한 걱정을 떨쳐낼 수 없었어요.

한편 최악의 폭염을 겪은 파키스탄은 강한 몬순 우기로 삶의 터전이 무참히 파괴되었습니다. 기후 변화로 인한 피해는 이제 흙으로 만든 집이 많거나 저지대인 기후 취약 국가만의 일이 아닙니다. 지구촌 도심 곳곳에서 역대급 폭우로 피해가 속출하고 있습니다.

우리나라 역시 이상기후로 인한 피해를 겪고 있어요. 2022년에는 장마전선이 중부지방에서 활성화되면서 남부지방은 가뭄이 이어져 댐 주변 산에 갈색 수면 선이 여실히 드러날 만큼 강의 수위가 낮아졌어요. 그로 인해 곳곳에서 제한 급수가 이루어졌고, 심한 곳은 물이 끊겨 주민들에게 생수를 지급하는 사태가 벌어졌습니다. 반면 평년과 달리 돌발적으로 강한 비가 내린 지역에서는 빗물이 고이는 지형과 배수 인프라 부족 문제로 지하가 침수되어 인명피해까지 발생하였습니다. 끔찍한 산사태도 일어났지요.

자연계에 존재하는 대표적인 온실기체는 수증기와 이산화탄소입니다. 온실기체는 파장이 짧은 가시광선과 같은 태양복사 에너지는 잘 통과시키지만, 파장이 긴 적외선 형태로 방출되는 지구복사 에너지는 흡수하는 성질을 가진 기체입니다. 지구로 들어오는 태양복사 에너지의 약 30%는 구름과 지표면에 반사되고 대기에 산란되어 다시 우주로 되돌아가요. 이것을 반사율 또는 알베도(albedo)라고 하죠. 지구는 나머지 70%를 흡수합니다.

지구는 받은 에너지만큼 복사 에너지로 다시 우주로 내보내요. 그런데 대기 중의 온실기체가 지구가 내보내는 복사 에너지 일부를 흡수해 버리죠. 대기는 흡수한 에너지를 우주와 지표로 재방출합니다. 그렇게 또 지표가 에너지를 받고, 같은 과정이 반복되면서 열이 갇혀 '온실효과'가 일어납니다. 이처럼 지구는 평균 온도가 높아진 상태로 결국은 받은 에너지의 70%를 내보내 복사 평형에 이르게 된 것입니다. 이러한 대기의 온실효과로 인해 지구의 평균기온이 15℃로 유지될 수 있었죠.

과학자들은 27억 년 전, 지구의 이산화탄소 농도가 최대 70% 정도였을 거라고 해요. 현재 대기 중 이산화탄소 농도가 0.04%인 것을 생각하면 엄청나게 높은 수치죠. 하지만 그 시기에는 태양 밝기가 지금보다 20% 정도 약했던 터라 만약 이와 같은 강력한 온실효과가 없었다면, 온도가 너무 낮아 액체 상태의 물이 존재할 수 없었을 겁니다. 지구상의 일부 생명체가 광합성을 하게 되면서 공기 중의 이산

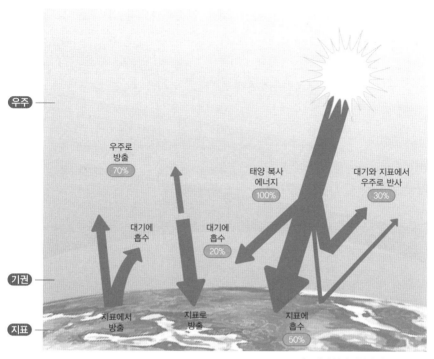

우주로
방출
70%

대기에
흡수

태양 복사
에너지
100%

대기에
흡수
20%

대기와 지표에서
우주로 반사
30%

기권

지표

지표에서
방출

지표로
방출

지표에
흡수
50%

지구에서 복사 평형이 일어나는 과정

화탄소를 흡수하게 되었고, 태양의 밝기가 점차 강해지는 상황과 절
묘하게 균형을 이뤄 지금의 평균기온에 이르게 된 것입니다. 하지만
인류가 지구의 탄소를 사용할 수 있는 열쇠를 쥐게 되면서 지구의
균형이 깨지기 시작했습니다. 거침없이 대기로 배출된 이산화탄소는
지표면에서 방출되는 지구복사 에너지를 더욱 빠져나가지 못하게 가
두어 강력한 온실효과, 즉 지구온난화를 일으키게 했습니다. 그런데

인간이 지구온난화의 주범이라는 것을 인정하기까지 참 오랜 시간
이 걸렸지요.

4

산업혁명과 함께 온
이산화탄소의 시대

약 26억 년 전부터 바닷속에 풍부해진 산소는 무려 7억 년 동안이나 바다에 녹아있던 철(Fe) 이온과 결합하면서 거대한 '호상철광층'을 남겼습니다. 겹겹이 쌓인 철광층의 줄무늬 모양이 산소로 성장통을 겪은 지구의 튼살과도 같아 보입니다. 철이라는 원소는 우주를 이루는 별들의 핵융합반응으로 얻어지는 최종 원소에요. 초신성 폭발로 우주에 흩뿌려진 이 무거운 원소는 지구의 중심인 핵을 이루게 되었고, 지구 전체로 보았을 때 가장 흔한 원소이기도 합니다. 과일의 껍질처럼 지구의 땅 바깥을 둘러싸고 있는 지각에도 철은 산소, 규소, 알루미늄 다음으로 풍부하게 존재하며, 산소와 매우 친해서 자연계에서는 주로 산화철 형태로 존재하지요.

우리도 몸속에 철을 품고 있습니다. 혈액 속의 헤모글로빈과 근육의 미오글로빈이 철로 이루어져 있어요. 철은 호흡으로 들이마신 산소를 옆에 딱 붙이고 잔뜩 붉어져 온몸을 이동합니다. 더 나아가 인류는 철을 이용해 지구상에 전례 없는 문명을 이루었습니다. 그와 동시에 전 지구적인 권력을 거머쥐게 되었죠. 순수한 철을 얻기 위해서는 먼저 산소로부터 철을 떼어내야 했습니다. 그 과정에는 어마어마한 에너지와 자연계의 희생이 필요했어요. 단단한 철에 대한 인류의 욕망은 농기구가 되었고, 전쟁의 총칼이 되었으며, 기차의 선로, 선박, 그리고 자동차가 되었습니다. 인류는 철을 이용해 지구를 누비고 우리 주변 모든 것을 만들어냈습니다.

철광석의 종류에는 자철석(Fe_3O_4), 적철석(Fe_2O_3) 등이 있습니다. 철을 구하려면 자연 상태의 철광석으로부터 먼저 철을 녹여내야 해요. 철의 녹는점은 약 1,538°C로 매우 높은 열이 필요하죠. 처음에 인류는 목재와 목탄(숯)을 땔감으로 이용했습니다. 그런데 17세기 지구 전역을 휩쓴 '소빙기(Little Ice Age)'의 여파가 절정에 달하면서 극심한 추위를 이겨내기 위해 엄청난 양의 땔감이 소비되었죠. 숲은 무서운 속도로 사라져갔고, 목재는 고갈될 지경에 이르렀어요. 그러면서 연료 위기를 극복할 방안으로 새로운 연료가 급부상하게 됩니다. 바로 목재보다 저렴했던 '석탄'이었지요. 그중에서도 영국은 다른 나라에 비해 지질학적으로 탄광이 풍부했답니다.

영국의 철강업자였던 에이브러햄 다비 1세(Abraham Darby I)는 비싼 목재 대신 석탄을 이용해 자연에서 철을 뽑아내려고 애를 썼습니다. 하지만 석탄의 유황 성분 탓에 철의 질이 매우 떨어져 제품을 만들어도 금방 부러지기 일쑤였죠. 이러한 문제를 해결하기 위해 고심한 끝에 1709년 다비는 석탄을 가열해 황을 비롯한 불순물을 없앤 고체 탄소 연료 '코크스(cokes)'를 이용한 제철 기술을 개발해 냈습니다. 그렇다면 코크스를 이용해서 철을 어떻게 뽑아내는지 살펴볼까요?

'코크스'와 철광석 속의 암석과 결합해 찌꺼기를 만드는 '석회석'을 용광로에 넣고, 약 800℃로 가열한 뜨거운 공기를 불어 넣으면 먼저 코크스의 탄소가 불완전하게 연소하면서 일산화탄소(CO)가 됩니다. 이때 발생하는 연소열로 온도가 약 2,000℃까지 올라가게 되고, 일산화탄소가 철광석의 산소를 빼앗아 결합하면서 이산화탄소가 되지요. 그렇게 철은 홀로 남겨져 우리의 몫이 됩니다.

영국에서는 코크스를 이용하면서 대량으로 철을 생산할 수 있게 되었어요. 석탄과 철이 많이 나오고, 식민지로부터 풍부한 원료를 공급받을 수 있었던 영국은 '산업혁명'을 이끌면서 기계를 이용한 생산 방식으로의 전환을 가속했습니다. 다비의 코크스 제철법은 대를 이어가며 더욱 개선되었고, 나무나 돌로 만든 다리 위로는 무거운 철을 운반할 수 없어 세계 최초의 철교인 아이언 브리지(Iron bridge)를 건설하기에 이릅니다. 아이언 브리지는 1968년에는 '산업혁명의 스톤헨지'라 불리며 유네스코 세계문화유산으로도 등록되었지요. 또한,

석탄을 연료로 한 증기기관이 발전하면서 인류는 석탄만 있으면 어디서든지 동력을 만들어낼 수 있게 되었어요.

산업화 이후, 인류의 활동은 브레이크가 고장 난 자동차처럼 폭주하기 시작했어요. 생산과 소비의 끝없는 굴레 속에서 지권과 생물권, 수권에 머물러 있던 탄소들이 기권으로 이동했지요. 수치로 보자면 매년 에너지를 얻기 위해 화석연료에서 배출되는 이산화탄소가 약 94억 톤, 숲을 파괴해 농지로 바꾸는 등 토지 모습을 바꾸면서 배출되는 이산화탄소가 약 16억 톤으로, 매년 110억 톤에 달하는 이산화탄소가 대기로 배출되고 있습니다. 숲과 토양 등에 의해 육지에 흡수되는 탄소가 34억 톤이고, 플랑크톤의 광합성 등으로 바다에 흡수되는 탄소는 25억 톤으로 둘을 합쳐도 약 59억 톤입니다. 나머지 약 51억 톤의 탄소는 이산화탄소 형태로 매년 대기에 더해지고 있어서 해마다 대기 중 이산화탄소 농도가 2~3ppm씩 올라가고 있습니다.

5

탄소 농도 그래프,
어디까지 올라가는 거예요?

찰스 킬링(Charles Keeling) 박사는 1958년부터 하와이 마우나로아에 세워진 국립 해양 관측소에서 매일 수집한 공기를 분석해 대기 중 이산화탄소 농도를 측정했어요. 그는 50여 년간의 끈질긴 노력으로 오르락내리락하는 계절적인 변동을 넘어 매년 가파르게 증가하는 '킬링 곡선(Keeling curve)'을 완성했습니다. 이후 과학자들은 그린란드와 남극대륙의 빙하 코어 속에 포함된 공기 방울의 성분을 분석해서 산업혁명 이전에는 대기 중 이산화탄소 농도가 약 280ppm으로 안정되어 있었다는 것을 알아냈지요.

킬링 곡선은 1958년 315ppm을 시작으로 현재는 425ppm을 돌파했습니다. 인류가 역사상 한 번도 경험하지 못한 값으로 매년 경신되고 있지요. 지금의 추세라면 대기 중 이산화탄소가 10년 뒤에는

450ppm, 20년 뒤에는 475ppm에 육박할 것이라는 전망입니다. 찰스 킬링의 아들이자 미국 스크립스 해양연구소 교수인 랄프 킬링(Ralph Keeling)은 뉴스 인터뷰에서 다음과 같은 메시지를 전했습니다.

"이산화탄소 증가 곡선이 아래로 꺾이는 모습을 보는 것이 평생의 소원입니다. 인류가 화석연료에 의존하지 않고 살아가는 방법을 배울 수 있으리라 믿어요."

기후 변화에 관한 과학적 규명을 위해 세계기상기구(WMO)와 유엔환경계획(UNEP)이 1988년에 공동 설립한 국제기구 '기후 변화에 관한 정부 간 협의체(IPCC)'는 5~6년을 주기로 전 세계 과학자가 참여하고 발간하는 'IPCC 평가보고서'와 함께 비정기적으로 특별보고서를 내고 있습니다.

1990년 제1차 보고서를 보면 지구가 더워지는 기후 변화 현상이 관찰되지만, 인간의 영향인지는 모르겠다는 것이 과학자들의 입장이었습니다. 하지만 1995년 제2차 보고서에서는 인간 활동이 기후 변화에 영향을 주었을 것이라 보았고, 2001년 제3차 보고서에서는 기후 변화에 대한 인간의 영향을 66% 이상, 2007년 제4차 보고서에서는 90% 이상, 2013년 제5차 보고서에서는 95% 이상으로 보았습니다. 과학적 데이터를 바탕으로 점차 인간의 잘못임을 인정한 것입니다. 2023년에 나온 제6차 보고서에서는 드디어 기후 변화가 전적으로 인간 활동이 초래한 결과라는 확고한 결론에 이르렀습니다.

기후 변화가 점차 심각해지고 있으며 그 원인은 인간이 사용한 화석연료이기에 지금 당장 에너지 전환을 서두르고 탄소 중립으로 나아가야 한다고 주장합니다. 하지만 이러한 의견과 달리 지구 시스템이 생각보다 기후 변화에 안정적으로 반응하고 있고, 인간은 기후 악당이 아니며, 인간의 기술력으로 기후 변화를 관리하고 적응하여 인류의 번영을 유지할 수 있다는 반박도 있습니다. 여러분은 어떻게 생각하나요?

지구의 온도와 기후 변화를 체계적으로 측정하기 시작한 1880년부터 1980년까지 100년 동안, 지구의 온도는 10년마다 평균 0.07℃씩 상승했다고 합니다. 하지만 1981년부터는 상승 폭이 배로 증가했어요. 지난 40년간 지구의 온도는 10년마다 평균 0.18℃씩 증가해서 지구의 평균기온은 산업화 이전보다 약 1.1℃ 상승했다고 합니다. 고작 1.1℃라고 할지 모르겠지만, 우리의 체온이 36.5℃에서 1~2℃만 올라도 고열에 시달리게 되고, 고열이 계속되면 신체의 장기가 손상되거나 기능 장애가 올 수도 있다는 점을 생각해 보면 지구 규모의 1℃는 어마어마한 수치입니다.

IPCC는 지구온난화로 지구 평균기온이 1.5℃ 오르면 전 세계 도시 인구 3억 5천만 명이 물 부족에 시달릴 것이며, 1.5~2℃ 상승하면 17억 명이 심각한 열 환경에 노출되고, 2~3℃가 오르면 최대 54%의 생물 종이 멸종위기에 처하게 될 것이라고 분석했어요. 지구온난화를 막지 못하면 2100년까지 육지 빙하의 3분의 2가 사라진 답니다. 이와 같은 평균기온의 증가, 즉 지구온난화는 우리에게 익숙했던 지구 시스템의 작동 방식을 뒤바꿔버릴 거예요. 이제 우리는 그동안 겪어보지 못한 이상기후 현상을 더 자주 직면하게 될 것입니다. 최근 들어 이례적인 기상이변이 속출하며 극단적인 기상 현상이 새로운 표준이 되고 있습니다. 기록적인 한파와 폭염, 홍수와 가뭄에 전 세계가 시달리고 있습니다. 그런데 이 또한 맛보기에 불과하다네요.

6

30년간 계속된 기후 협의

1992년 이산화탄소 농도가 356ppm에 달했습니다. 산업화 이전보다 약 20% 상승한 수치였죠. 지구온난화에 대한 위기감이 고조되면서 1992년 6월, 브라질 리우에서 '지구 정상회의'가 열립니다. 리우 회의는 전 세계 185개국 정부 대표단과 114개국 정상 및 정부 수반이 지구 환경 보전 문제를 논의하기 위해 모인 것으로, 정식 명칭은 '환경 및 개발에 관한 유엔 회의(UNCED)'입니다. 이 회의에서 각국 정상들은 '지구온난화 방지 협약', '생물 다양성 보존 협약' 등에 서명했습니다. 지구 환경 보호에 관한 국제 수준이 한 단계 높아지는 계기가 되었지요.

1997년 일본 교토에서 열린 '제3차 유엔 기후 변화협약 당사국 총회(COP3)'에서는 지구온난화의 규제와 방지를 위한 기후 변화협약의 구체적인 이행 방안을 담은 '교토의정서'가 채택되었습니다. 지구 온난화를 일으키는 6가지 온실가스의 배출량을 감축해야 하며, 배출량을 줄이지 않는 국가에는 비관세 장벽을 적용하는 구속력 있는 협정이었습니다. 이 6가지 온실가스는 석탄, 석유 등 화석연료를 태울 때 발생하는 이산화탄소(CO_2), 쓰레기 매립지 등에서 유기물이 산소가 없는 상태에서 분해할 때 발생하는 메탄(CH_4), 비료에서 발생하는 아산화질소(N_2O), 냉장고의 냉매제와 전자제품과 같은 정밀기계를 씻을 때 쓰는 불화탄소(PFC), 수소불화탄소(HFC), 불화유황(SF_6)입니다. 그런데 교토의정서는 모든 당사국이 지켜야 하는 의무는 아니었습니다. 지금까지 온실가스를 배출하면서 경제성장을 이룬 선진국에만 적용되었지요. 미국, 일본 등은 온실가스 배출량을 1990년 배출량 수준에서 2008~2012년까지 5% 이상 감축해야 했습니다. 우리나라는 개발도상국으로 분류되어 온실가스 통계작성, 기후 변화 완화 조치 및 대응 조치 수립, 과학 연구 협력 등만 이행하면 되었습니다.

그런데 교토의정서가 발효되기 전인 2005년에 미국이 돌연 교토의정서를 탈퇴합니다. 중국과 인도가 온실가스를 많이 배출하는 나라인데도 불구하고 개발도상국이라는 이유로 교토의정서가 적용되지 않는 데 불만을 품은 캐나다도 2011년 탈퇴를 선언했지요. 2012년에 일본과 러시아까지 빠지면서, 교토의정서에는 전체 온실가스 배출량의 15% 정도를 차지하고 있는 나라들만 참여하고 있는 이상한 형국이 되었습니다.

기후 변화 문제는 매우 복잡하고 장기간에 걸쳐 해결해야 하는 문제입니다. 당시만 해도 기후 변화 대책을 빨리 수립해야 한다는 세력과 그럴 필요가 없다는 세력의 대결이 팽팽했어요. 선진국과 개발도상국의 입장도 좁혀지지 않았죠. 선진국들은 역사적 책임을 외면했고, 개발도상국들은 경제 발전이 우선이라 온실가스 배출량을 줄이고 싶지 않았습니다. 이와 같은 상황은 '죄수의 딜레마(Prisoner's dilemma)'로 설명할 수 있습니다. 모든 국가가 온실가스 감축에 나선다면 서로에게 이득입니다. 하지만 상대방이 실제로 감축할지 안 할지 모르는 상황에서는, 자국의 이익을 위해 감축하지 않는 선택을 하는 것이 우월한 전략이라는 것입니다. 이처럼 각국의 엇갈리는 이해관계는 지구를 위한 진정한 협력을 불가능하게 만들었어요.

2009년 덴마크 코펜하겐에서 '제15차 당사국총회(COP15)'가 열리기에 앞서, 아름다운 여행지로 유명한 몰디브에서 '물속 내각회의'가 열렸습니다. 몰디브의 전 대통령 모하메드 나쉬드(Mohamed Nasheed)를 비롯해 스킨스쿠버 강습을 받은 정부 각료 13명이 기후 위기로 가라앉고 있는 몰디브의 심각성을 알리기 위해 산소통을 메고는 물속으로 뛰어들었습니다. 1901년부터 현재까지 전 세계 해수면은 약 19cm 상승했고, 몰디브를 비롯한 섬나라 주민들은 나라가

물 밑으로 가라앉을 우려에 시달리고 있거든요. 이들은 물속 테이블에 앉아 온실가스 감축을 촉구하는 성명서에 방수 펜으로 정성껏 서명했습니다. 성명서에는 다음과 같은 내용이 적혀 있었어요.

> 기온 상승을 막기 위해 전 세계가 함께 힘을 모아야 한다. 현재 기후 변화가 일어나고 있으며 이는 지구에 있는 모든 이들의 권리와 안녕을 위협하고 있다.

나쉬드 전 대통령은 그해 12월 COP15에 참가해 "기후 변화 협약과 관련한 논의가 14년째 이어지고 있는데 도대체 뭘 하는지 모르겠다. 14년 동안 변변한 문서 합의조차 하나 안 나오고 있다"라고 일침을 가했습니다. 하지만 결국 COP15에서도 온실가스 감축 목표와 개발도상국의 지원 방안에 관해 선진국과 개발도상국의 입장이 좁혀지지는 않았습니다.

2013년 폴란드 바르샤바에서 열린 '제19차 당사국총회(COP19)'의 개막 사흘 전, 슈퍼태풍 하이엔이 필리핀을 휩쓸었습니다. 하이엔으로 인한 사망자와 실종자는 7,000여 명에 이르렀고, 필리핀의 대표는 눈물을 훔치며 기후 변화 대응을 촉구하는 연설을 했습니다. 이를 계기로 개발도상국들이 제기한 극한 기후 현상과 해수면 상승으로 인한 손실과 피해 문제를 다루자는 합의가 이루어졌어요. 하지만 자금을 어떻게 마련할지는 어떤 결정도 이루어지지 않았습니다.

COP19에서는 당사국들이 자체적으로 국가별 기여 방안(INDCs)을 정해서 21차 당사국총회 전에 제출하기로 했습니다. 선진국과 개발도상국의 감축 목표를 어떻게 차별화할 것인지, 각 나라가 제출하는 감축 목표를 어떻게 전 지구적 감축 목표에 부합하게 할 것인지 등에 관한 논의도 미뤄졌어요.

드디어 2015년 12월, 프랑스 파리에서 열린 '제21차 당사국총회(COP21)'에서 모든 당사국이 참여하는 '파리협정(Paris Agreement)'이 채택되었습니다. 지구 평균 온도 상승을 2℃ 아래로 유지하고, 1.5℃ 상승을 넘지 않도록 노력하는 것을 목표로 결정했습니다. 모든 당사국은 온실가스 감축량을 5년마다 제출하기로 했어요. 하지만 불이익을 주는 조항이 없으므로 여전히 죄수의 딜레마 게임이 진행되고 있다는 평가가 이어졌죠. 이에 환경단체는 파리협정의 지구적 목표에 부합하는 온실가스 감축 목표를 설정하라고 당사국에 요구했습니다. 그리고 개발도상국의 적극적인 온실가스 감축을 끌어내기 위해서는 역사적 책임이 있는 선진국부터 모범을 보여야 한다고 강조했지요.

2018년 12월에는 폴란드 카토비체에서 열린 '제24차 당사국총회(COP24)' 연단에 한 스웨덴 소녀가 올라 당찬 목소리로 세계 정상들을 질타했습니다.

"당신들은 자녀를 가장 사랑한다고 말하지만, 기후 변화에 적극적으로 대처하지 않음으로써 자녀들의 미래를 훔치고 있습니다!"

이 소녀는 바로 청소년 기후환경운동가 그레타 툰베리(Greta Thunberg)입니다. 그레타 툰베리는 이 연설로 노벨평화상 후보에 이름을 올릴 정도로 전 세계에 큰 울림을 주었답니다. 그레타 툰베리는 2018년 8월, 매주 금요일 스웨덴 의회 앞에서 '기후를 위한 등교 거부' 팻말을 들고 1인 시위를 시작했습니다. 이는 '미래를 위한 금요일(Fridays for Future, FFF)' 기후 운동으로 이어졌습니다. 우리나라를 비롯한 133개국 청소년 160만 명이 각자의 나라에서 참여하고 있지요. 이렇게 전 세계 청소년들은 각국 정부에게 화석연료 사용 포기, 온실가스 배출 감축, 기후 정의 등 기후 변화에 대한 행동을 요구하고 있어요.

2021년 영국의 글래스고에서 열린 '제26차 당사국총회(COP26)'에서 채택한 '글래스고 기후 합의(The Glasgow Climate Pact)'에서는 산업화 이전 대비 1.5℃ 온도 상승 억제 목표에 대한 국제사회의 합의를 재확인하고 2030년의 국가온실가스감축목표(NDC)를 보다 강화해 나가기로 했습니다.

2022년 이집트 샤름엘셰이크에서 개막한 '제27차 당사국총회(COP27)'의 핵심 주제는 '손실과 피해'였습니다. 작은 섬나라와 가난한 나라들은 30년 전부터 기후 변화로 인한 피해에 대한 보상을 요구해 왔습니다. 기후 변화에 취약한 55개 국가는 최근 20년간 발생한 기후재앙으로 약 705조 원의 피해를 보았다고 합니다. 기후위기의 책임을 지고 천문학적인 액수를 보상해야 하는 선진국의 저항이 만만치 않았지만, 30년간의 논쟁 끝에 손실과 피해 기금을 마련하기로 역사적인 합의를 했습니다. 이 기금은 개발도상국의 기후 변화 적응을 돕기 위한 기존 기금과는 별도로 조성된다고 합니다. 스코틀랜드를 비롯한 8개의 국가는 손실과 피해 재원을 미리 약속했어요.

다만 피해 기준 연도를 언제로 할지, 어떤 사안까지 기후위기의 피해로 볼지, 어느 국가에 어떻게 보상해 줄 것인지에 관해서는 아직 구체적으로 정해지지 않았어요. 피해를 정량화하고 평가하는 것도 쉽지 않습니다. 문화유산이 파괴된 경우처럼 돌이킬 수 없는 피해라면 손실 규모를 어떻게 평가할지도 난감합니다. 그리고 협의를 위해서는 과학적인 증거가 포함된 기준이 있어야 하는데 데이터를 수집할 기상 관측소가 부족한 아프리카 지역에서는 "손실과 피해 기금 지원을 할 때마다 과학적 증거를 요구하는 것은 윤리적 문제가 될 수 있다"라고 문제를 제기하고 있습니다. 또한 아프리카 국가들은 경제 발전과 빈곤 퇴치를 위해서는 천연가스 개발이 필수적이며, 기후 변화에 대응하기 위해 선진국들이 아프리카의 경제 성장을 가로막는 것은 불공평하다는 입장을 보였습니다. 이에 환경운동가들은 태양광 발전과 같은 친환경 에너지 개발을 통해 경제 성장에 필요한 에너지를 조달할 수 있다고 반박했고요.

COP27에서는 석탄뿐 아니라 석유, 천연가스 등 모든 종류의 화석연료 사용을 줄이자는 제안이 나왔지만 당사국 모두의 동의를 얻는 데 실패했습니다. 안토니오 구테흐스 유엔 사무총장은 "우리 지구는 아직 응급실에 있다. 당장 온실가스 배출을 과감하게 줄여야 하는데 이번 총회에서 달성하지 못했다"라고 소감을 밝혔습니다.

7

기후위기로 살아갈 곳을 잃은 사람들

과학자들은 지구 온도가 2℃ 이상으로 높아지면, 지구가 '티핑포인트(Tipping point)'에 도달하게 될지도 모른다고 경고하고 있습니다. 지금은 늘어났다가도 다시 원상태로 돌아가는 스프링처럼 지구가 넉넉한 수용력으로 잘 돌아가는 것처럼 보이지만, 임계점 이상 늘어나면 더는 돌이킬 수 없는 상태가 될 것이라는 거예요. 즉, 지구 환경의 균형이 깨지면서 현재와는 전혀 다른 기후 상태로 전환될 것이라는 겁니다. 그뿐만 아니라 기후변화는 불확실성이 큰 복잡계[3]이기 때문에 산호초 대규모 백화, 영구 동토층 해동 등 티핑 요소들에 스위치가 켜지게 된다면 기온 상승이 걷잡을 수 없이 가속화되어 폭발적

---

3 자연계를 구성하고 있는 여러 구성 성분이 상호 작용하는 복잡한 현상의 집합체.

인 연쇄효과가 발생할지도 모릅니다.

이러한 극단적인 기후 현상은 인간이 거주하는 모든 지역에서 이미 관찰되었지만, 모두가 그 피해를 동등하게 겪는 것은 아닙니다. IPCC 6차 보고서에 따르면 약 33억~36억 명의 인구가 기후 취약국에 살고 있다고 해요. 이 가난한 나라들은 환경을 파괴하고 권리를 침해하는 산업에 거의 기여하지 않았음에도 불구하고, 오히려 더 큰 피해를 겪고 있어요. 지난 10년간 기후 변화에 매우 취약한 나라에서의 기상이변으로 인한 사망률이 기후 취약성이 가장 덜한 지역에 비해 15배나 높았다고 해요. 이처럼 기후 변화로 인한 불평등 문제가 심각한 상황입니다. 생존의 위협으로 삶의 터전을 떠나 떠돌이 신세가 되는 '기후난민'이 1분에 약 41명꼴로 발생하고 있습니다.

기후난민은 2013년 조사를 시작한 이래, 2022년에 지난 10여 년간 평균 수치보다 41% 증가해 역대 최대치를 기록했습니다. 2022년에는 기후난민이 약 3,260만 명으로 전쟁 난민보다 더 많이 발생했다고 해요. 공장 하나 없는 투발루를 비롯해 물에 잠기고 있는 남태평양의 섬나라들, 가뭄을 겪고 있는 아프리카 사헬 지대와 동아프리카 지구대 일대, 돌발 홍수로 피해를 겪고 있는 아시아와 가뭄과 홍수가 번갈아 일어나는 극단적 상황을 겪고 있는 중남미 국가들⋯. 이제는 그 범위가 확장되어 선진국의 해안 도시에서도 기후난민이 발생하고 있습니다. 그들의 터전은 더 이상 그들이 알던 곳이 아니었습니다. 불타는 지구의 무게를 짊어진 난민들은 잠시나마 위안이 될 피난처를 찾기 위해 방랑하며 지금도 생존의 기로에 서 있습니다.

2021년 1월에는 유엔에서 처음으로 기후난민을 법적으로 인정한다는 판결이 나왔습니다. 해수면 상승으로 인한 피해로 남태평양 키리바시 섬 주민들이 기후난민 자격을 공식 인정받았습니다. 전문가들은 기후위기로 인해 자연재해가 앞으로 더 자주, 더 길게, 더 강하게 발생해 집과 일터를 잃은 기후난민이 기하급수적으로 늘어날 거라고 합니다. 하지만 기후난민들이 모두 자격을 인정받기에는 어려운 실정이지요.

국토 면적의 80%가 해발 1미터 미만으로, 가라앉고 있는 몰디브는 해수면 상승에 대응하기 위해 둥둥 떠 있는 해상 도시를 건설한다고 합니다. 총 5,000개의 유닛으로 구성될 이 해상 도시에는 주택, 학교, 상점이 들어서고, 인구 2만 명이 살 수 있게 된다고 해요. 태양광 발전으로 전력을 공급해 자급자족이 가능한 친환경 도시를 목표로 하고 있습니다. 우리나라의 부산시에서도 2030년까지 북항 앞바다에 최대 1만 2,000명이 거주할 수 있는 해상 부유 도시를 건설하는 계획이 있어요. 이탈리아의 수상 도시인 베네치아는 70억 유로를 투입해 베네치아와 아드리아해 사이에 있는 석호에 여닫이문처럼 방벽을 세우는 '모세 프로젝트'를 통해 침수 문제를 막으려고 합니다. 그런데 이러한 프로젝트는 저지대의 홍수는 막기 어려워 완벽한 해법도 아니라고 해요. 이와 같은 대응은 가난한 나라들에서는 엄두조차 내지 못합니다. 우리가 에어컨의 차가운 바람을 누리는 동안 기후 위기에 취약한 나라에 사는 사람들은 생존에 위협을 받게 되는 것입니다. 우리를 대신해 대가를 치르고 있을지도 모를 누군가가 이 지구 상에 분명 존재한다는 사실을, 그리고 그 누군가가 나 자신이 될 수 있음을 잊어서는 안 됩니다.

8

국경을 넘는 탄소,
책임은 누구에게?

현재 철강산업은 연간 약 33억 톤의 온실가스를 배출하면서 전세계 온실가스 총배출량의 약 7~8%를 차지하고 있습니다. 그중 우리나라는 약 1억 톤을 배출하고 있지요. 따라서 지구의 온도 상승을 산업화 이전에 비해 1.5℃ 내로 억제하려는 전 지구적 목표를 달성하는 데는 철강 산업의 역할이 큽니다. 최근 유럽연합(EU) 이사회가 철강, 전력 등 분야에 '탄소국경조정제도(CBAM)'를 적용하는 기후 법안을 최종 승인했습니다.

탄소국경조정제도의 배경은 이렇습니다. 유럽연합은 2050년까지 탄소중립을 달성하고, 2030년까지 온실가스 배출량을 1990년 대비 최소 55%로 감축한다는 목표로 '유럽기후법'을 2021년 6월에 제정했어요. 그런데 이처럼 탄소 배출에 대한 규제가 강화되면 유럽연합 국가들의 제품 가격경쟁력이 약해지겠죠. 그러면 탄소 배출원이 탄소 배출 규제가 강한 국가에서 약한 국가로 이동하는 '탄소 누출' 현상이 발생할지도 모릅니다. 그래서 유럽연합의 엄격한 기후 합의에 다른 나라들도 동참시키고자 2021년 7월 일종의 탄소국경세 제도인 탄소국경조정제도의 입법안을 공개했고, 2023년 5월에 최종 승인됐습니다. 이것은 2023년 10월부터 3년간의 과도기를 거쳐 2026년부터 시행될 예정입니다.

대상 품목은 철강, 시멘트, 비료, 알루미늄, 전기, 수소 총 6개 업종에 우선 적용된다고 해요. 유럽연합을 제외한 국가들은 제품에 내포된 온실가스 배출량을 측정한 뒤 ETS(온실가스 배출권 거래제)에서 결정된 탄소 가격에 따라 온실가스 배출량에 맞게 인증서를 구매해야 합니다. 그런데 탄소국경조정제도의 도입이 6개월가량 남은 상황에서 중국이 이 제도에 대해 좀 더 논의하자며 공식적으로 세계무역기구(WTO)에 제안했습니다. 만약 이산화탄소 배출 1톤당 100달러의 탄소세를 매길 경우, 중국에는 연간 유럽연합 수출 총액의 약 7.7%인 350억 달러의 탄소국경세가 부과될 수 있답니다. 중국 입장에서는 큰 비용이지요. 중국의 생태환경부는 탄소국경조정제도가 탄소 배출 저감 문제를 무역장벽으로 활용하려는 유럽연합의 일방적인 조치이며, 국제 무역 원칙에 위배된다고 주장했어요. 기후 변화 대응은 각국의 서로 다른 발전 수준을 고려해서 이뤄져야 한다는 입장이에요.

한편 당사국인 유럽연합은 탄소국경조정제도가 국제 무역 원칙에 부합한다고 주장하며 지난 2년간 세계무역기구에서 이를 설명하고, WTO 회원국들의 질의에 응답하는 과정을 거쳐왔다고 밝혔습니다. 앞으로도 탄소국경조정제도의 법률문서에 관한 설명회를 개최하는 등 노력을 지속할 것이라고 했지요. 이러한 중국의 제안이 인도, 브라질, 노르웨이 등 일부 WTO 회원국들로부터 호응을 얻고 있어 향후 국제 갈등의 불씨가 되는 것은 아닐지 시선이 집중되고 있습니다. 그런데 우리가 당장 치르는 비용보다 지금 조치를 취하지 않으면 나중에 인류가 치러야 할 대가가 훨씬 더 커질 수 있습니다. 이러한 책임을 전 세계 국가가 함께 짊어지고, 중장기적인 탄소 감축을 공동의 목표로 노력하며 연구, 실적 등이 뒷받침이 되어야 합니다.

최근에는 '석탄 대신 수소', '용광로 대신 전기'로 방식을 전환하려고 하고 있어요. 철광석에 있는 산소를 석탄 대신 수소와 반응시키면 '이산화탄소 대신 물'이 되고 순수한 철만 남게 되는 것이죠. 그런데 이러한 기술은 장기간의 연구 개발과 대규모 투자가 필요합니다. 중장기적으로 철강산업의 탄소중립 실현을 위해서는 생산 단계부터 온실가스가 배출되지 않는 그린전력과 그린수소가 안정적으로 공급되어야 합니다. 신재생에너지 발전 비중이 높은 유럽의 경우에는 이미 시범 적용하고 있지만 우리나라는 상용화까지 상당한 시간이 소요될 전망이에요. 신재생에너지는 이제 필수가 되어가고 있네요. 기후 변화와 환경 문제는 복잡하고 상호 연결되어 있어 앞으로의 지구와 다음 세대를 위한 더 나은 미래를 보장하기 위해 전 세계 모든 곳에서 협력하는 접근 방식이 필요합니다.

9

위기에 처한 지구인

2023년 6월 18일, 스위스에서는 '기후보호, 혁신 및 에너지보안에 관한 연방법(이후 기후법)'이 국민투표에서 59.1%의 지지를 얻어 통과되었습니다. 지지자들은 스위스 수도 베른에 모여 색종이 조각을 던지며 이를 축하했죠. 탄소 중립을 법으로 만든 나라는 우리나라를 포함해 독일, 프랑스, 캐나다 등 여럿 있지만, 국민투표로 법이 만들어진 나라는 스위스가 처음입니다.

기후법이 한 번에 통과한 건 아닙니다. 스위스 정부는 2019년에 2050년까지 탄소 중립을 달성하겠다고 선언하고, 2021년 구체적인 탄소 중립 실행 정책이 담긴 '이산화탄소 법안(CO_2 Law)'를 추진합니다. 분야별 이산화탄소 배출 주체에게 부담금을 부과하는 '탄소세'를 추진한 것이죠. 이때는 51.6%가 반대했어요. 코로나19로 나빠진

경기를 회복해야 하는데 세금이 늘어나면 악영향이 있을 거라는 우려 때문이었어요. 하지만 지구의 기온이 점점 올라 빙하가 급격히 녹았고, 2001년 이후 22년간 알프스 빙하는 3분의 1이 사라졌습니다. 매년 빠르게 사라지는 알프스산맥의 빙하를 지켜야 한다는 생각이 모이자, 2년 만에 여론이 뒤집혔고 기후법이 통과되었죠.

'과학자들의 반란(Scientists Rebellion)'은 과학자로 이루어진 멸종 저항 단체예요. 2022년 4월에는 전 세계 25개국에서 모인 1천여 명의 과학자들이 뜻을 모아 집단 파업을 선언하고 거리로 나섰습니다. 이들은 수많은 무장경찰에 맞서 시위하다 그 자리에서 체포당하기도 하고, 일부는 일자리를 잃기도 했지요. 객관적인 근거로 논문을 쓰고 연구하던 과학자들이 이렇게 집단행동을 한 사례는 역사상 처음 있는 일이었습니다. 시위에 참여한 과학자의 연설을 들어볼까요?

"이대로는 모든 걸 잃을 거니까요. 이건 농담도, 거짓말도, 과장도 아닙니다. 제가 여기 나온 이유는 아무도 우리 과학자들의 말을 들어주지 않기 때문입니다. 체포당할 걸 감수하고 용기를 냈습니다. 지구를 위해, (울먹이며) 우리 자식들을 위해, 우리 과학자들은 수십 년 동안 여러분에게 경고했습니다. 그런데도 우리는 계속 무시당했고, 결국 지구는 파멸의 길을 걷고 있죠. 전 세계 과학자들은 계속 무시당했습니다. 그러나 이제는 진짜 멈춰야 할 때입니다. 이건 세상의 모든 어린이, 젊은이, 결국 모든 이들의 미래를 위한 것입니다. 우리 과학자들은 무시당하는 것에 지쳤습니다. 우리는 편향되지 않으려 했고, 중립적 입장에서 침묵하려고도 노력했습니다." - NASA의 기후학자 피터 칼무스(Peter Kalmus)

이들은 파업만 한 게 아닙니다. 2021년 8월, 공식적으로 발표되기 전 IPCC의 제6차 평가 보고서를 유출하기도 했습니다. 보고서가 발표되기 전에 일부 내용이 수정되었기 때문입니다. 화석연료를 포함한 여러 산업체에서 정부를 압박하고 뇌물을 준 거예요. 수정된 보고서에는 초안의 핵심 부분이 삭제되었고, 상위 10% 계층인 기업, 상류층, 기득권의 책임이 축소되어 있었다고 해요.

선진국은 오래전부터 화석 연료를 많이 배출하며 산업화를 이루고 발전했죠. 그리고 지금 기후위기로 피해를 보는 건 이제 경제 발전을 하고 있고, 하려는 개발도상국입니다. 그런데 선진국들이 나서서 모두에게 똑같이 탄소 배출량을 제한하자고 이야기하고 있고요.

2022년 여름, 파키스탄에서는 금세기 최악의 홍수가 발생했어요. 국가의 3분의 1이 넘게 물에 잠기고, 1천 7백여 명이 죽고, 3천3백만 명 이상이 삶의 터전을 잃었죠. 피해 규모를 계산했을 때 39조 3천억 원 이상일 것이라 합니다. 기상학자들은 이렇게 극단적인 홍수가 2022년 봄의 기록적인 불볕더위로부터 시작되었다고 예측했어요. 4

월과 5월에 파키스탄 도시 대부분에서 기온이 장기간 40℃ 이상에 달했고, 자코바바드 시는 51℃를 넘기도 했죠. 이때도 이미 세계 최악의 불볕더위이며, 극단적인 고온으로 증발량이 늘고, 대기가 더 많은 수증기를 품어 7월부터 9월까지 지속되는 몬순 기간(우기)에 평소보다 강우량이 늘어날 것으로 예측했습니다. 그런데 수증기만 문제가 된 게 아니었어요. 파키스탄 북부 산악 지역에 분포하고 있던 빙하가 녹은 거예요. 빙하가 녹은 물은 인더스강 지류로 흘러 들어가 평소보다 강의 수위가 높아졌다고 합니다. 또한, 이례적으로 몬순이 일찍 시작하고 몬순 기간이 길어져, 파키스탄은 몬순 기간에만 연간 강우량의 3배에 달하는 극한 강우를 경험했어요. 일부 지역에서는 5배 이상을 경험하기도 했습니다.

2023년 7월, 파키스탄은 다시 물난리를 겪었어요. 6월 말부터 몬순 기간에 들어가 7월까지 계속 폭우가 쏟아졌고, 이 기간 동안 적어도 80명이 사망하고 180명 이상이 다쳤다고 합니다. 그런데 이웃나라인 인도에서도 몬순에 의한 폭우로 피해가 늘었고, 인도 정부는 파키스탄으로 흐르는 라비강 댐을 방류하기로 정했어요. 500명이 넘는 사람들이 피난에 나섰고, 여러 마을이 물에 잠겼습니다. 피해는 더 커질 것으로 예상하고 있어요.

2022년 통계에 따르면 파키스탄의 인구는 2억 3,818만 명으로 세계 5위, 국토 면적은 79만 6,095㎢로 세계 33위로 상당히 큰 나라입니다. 하지만 국내총생산(GDP)은 세계 120위, 경제성장률도 5.8%(2018년), 1.1%(2019년)로 남아시아 지역 평균인 6.4%(2018년), 4%(2019년)에 크게 뒤처지고 있어요. 최근 10년 동안 2%의 높은 인구성장률을 유지하고 있고, 청년 실업률은 31%보다 높은 상황입니다. 매년 노동시장에 쏟아져 들어오는 청년 일손은 늘고 있지만, 이를 수용하기 위한 경제 개발이 시급한 실정이에요. 그런데 2022년에 국토의 3분의 1이 물에 잠겼고, 피해를 복구하기도 전에 2023년에 다시 물난리를 겪고 있는 거죠.

이렇게 불공평한 폭우가 더는 남의 이야기가 아니에요. 우리나라에서도 폭우가 점점 빈번해지고 있습니다. 2023년 5월에도 이른 폭우가 한차례 지나갔고, 장마가 시작된 6월부터 7월까지 폭우가 계속되었어요. 50명 가까운 사람들이 사망했고, 이재민만 1만 명이 넘었죠. 2022년 8월 우리나라 중부 지방에 발생한 집중 호우로는 서울 강남에서 차량 수백 대가 침수되고, 지하철역이 물에 잠기기도 했어요. 2022년 8월 8일 오후 9시 5분부터 1시간 동안 서울 동작구 신대방동에 내린 비의 양은 141.5mm로 80년 만에 최고 기록이었고, 8월 8일 0시부터 24시간 동안 내린 비의 양은 381.5mm로 102년 만에 최고 기록이었어요. 하루 동안 서울에서만 8명이 죽었고, 관악구 신림동에서는 반지하에 갇힌 일가족 3명이 죽는 사고로 안타까움을 샀습니다. 기후 정의에 대해 따로 설명하지 않아도, 사람들은 폭우로 인한 피해가 세계적으로도, 우리나라에서도 불공평하다고 생각하게 되었죠.

2022년 겨울부터 광주·전남 지역은 가물어서 난리였는데, 바로 다음 해 여름에는 물이 넘쳐서 난리였어요. 우리가 상상한 이상으로 지구의 물 순환 체계가 어그러졌을지도 모릅니다.

10

지구를 지키는 동료 시민으로 살아가기

'지구 시스템'은 중학교 1학년 때도 배우고, 고등학교 1학년 때에도 배워요. 지구는 여러 요소가 모인 하나의 시스템이며, 요소 간 상호작용, 물질과 에너지의 순환으로 시스템을 유지하고 있지요. 지권, 수권, 기권, 외권과 빙설권, 토양권, 자기권 등 다양한 구성요소가 생물권이 살고있는 환경을 구성하며, 생물권과 상호작용하며 하나의 '지구'를 이루고 있지요. 인류는 생물권에 속했으나, 현재는 '인간권'이라는 하나의 큰 요소가 되었어요.

당장 물이 부족하거나 너무 많으면 생물들은 살기 어려워요. 인간은 어떻게든 버틸지도 모르죠. 하지만 그 순간을 버텨냈다고 괜찮다고 생각하면 안 돼요. 폭우로 도로가 망가지는 건 당장 눈에 보이는 문제지만, 계속해서 땅이 젖었다 말랐다 하면 지반이 약해져 산사태

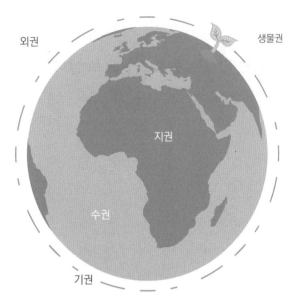

외권

생물권

지권

수권

기권

지구 시스템(지구계)의 주요 구성요소

가 자주 일어날 수 있죠. 한쪽에서 극한 현상이 나타난다는 것은 시스템에서 불균형이 시작되었다는 거예요. 시스템은 불균형이 생기면 이를 '균형' 상태로 되돌리기 위해 시스템 전체가 흔들립니다. 새로운 균형을 찾아가는 과정에서 시스템이 어떻게 바뀔지는 아무도 모릅니다. 만약 더욱더 불안정한 방향으로 변한다면… 상상하고 싶지 않네요. 그러니 '지구를 살리는' 지구과학은 결국 '나를 살리는' 지구과학이라고 말하고 싶어요.

청소년기후행동
(출처: 청소년기후행동 홈페이지)

우리나라에는 '청소년기후행동'이라는 단체가 있어요. 줄여서 '청기행'이라고도 부르죠. 청기행은 기후위기 당사자인 청소년과 청년의 목소리, 행동으로 기후 문제 해결을 위한 의미 있는 변화를 만드는 단체입니다. 청기행 첫 번째 총회에서 나온 이야기를 여러분에게도 들려주고 싶어요.

다른 세상은 가능합니다

　우리는 기후위기를 마주한 청소년입니다. 가파르게 상승하는 지구 온도 때문에 불타는 숲, 물로 잠긴 마을, 하얗게 죽어가는 구상나무, 멈추지 않는 장마를 바라보다, 행동하기를 선택한 사람들입니다. 기후위기는 유예할 수 있는 미래가 아니라 이미 다가온 현실입니다. 다양한 자연재해와 이상기후로 고통 받는 이들은 하루하루 늘어가고, 원래부터 존재하던 사회·경제적 불평등은 더 심해지고 있습니다.

　기후위기는 지구상 모든 인류를 위협하지만, 청소년인 우리에게는 더욱 치명적입니다. 화석 연료에 의존해 번영을 누린 것은 이전 세대지만, 그로 인한 피해는 고스란히 우리 세대로 대물림 되기 때문입니다. 지금 당장 온실가스를 감축하지 않는다면, 더 이상은 시간이 없습니다. 우리가 정책결정권자의 자리에 오른 시점에는 기후위기를 되돌릴 수 있는 방법이 아예 없을 것입니다. 기후위기 '대응'이라는 선택지 자체가 없어지고 온갖 불확실한 위기 속에서 살게 될 것이라고, 과학자들은 경고합니다.

그러나 국회와 정부의 대응은 너무나 소극적입니다. 새로운 석탄화력발전소를 짓고, 해외에서 발전소 사업을 벌이고, 국민의 세금을 거기에 쏟아붓는 등 우리 모두의 안전한 삶을 위해서라면 결코 내리지 말아야 했을 결정들이 닫힌 방 안에서 이루어집니다. 우리에게 영향을 미치는 정치적 결정에 우리는 정작 참여하지 못하는 현실은 부당합니다.

나이주의가 짙게 밴 한국 사회에서, 청소년은 비정치적인 존재가 될 것을 요구 받습니다. 선거권 연령이 만 18세로 하향되었으나 여전히 대다수 청소년은 정치적 권리를 누리지 못하는 상황입니다. 현행법은 청소년의 정당가입·선거운동을 원천적으로 금지하고 있으며, 많은 학교에서 학생의 정치적 활동과 집회 참여를 징계하는 교칙을 두고 있습니다. 이런 분위기에서 기후위기의 심각성에 대해 목소리 높이며 거리로 나온 우리는 '학생답지 못하다'거나 '공부가 우선'이라는 말에 부딪히기 일쑤입니다.

한편, 우리에게는 또 하나의 상반된 반응이 따라붙습니다. 바로, '기특한 아이들' '어른들이 미안하다' '공부해야 할 학생들조차 거리로 나왔다'라는 식의 보호주의적인 시선입니다. 이는 청소년을 함께 나아가야 할 동료 시민으로 대우하지 않고, 대상으로서 호명하는 표현입니다. 우리와 같은 지향점과 목표를 가진 시민사회 내부에서조차 청소년을 운동의 주체로 존중하지 않는 문화가 일정 부분 존재합니다. 우리는 사회가 정한 청소년의 자리에서 벗어나, 새로운 시공간을 구축하기 위해 노력해 왔습니다. 앞으로도 그 방향성은 변하지 않습니다.

청소년이 '대상'이 아니라 '주체'가 되는 기후 운동을 만들어 나갈 것입니다. 우리는 '성공'한 과학자나 정치인이 된 후에 비로소 문제를 해결하려고 하는 대신, 지금 여기서 변화를 만들 것입니다. 청소년기후행동의 우리들은 다른 세상을 위해 틀을 깨고 대담한 전환을 그리며 나아가려고 합니다.

– 청소년기후행동

세계 곳곳에서 시민들이 기후에 관련된 정책을 촉구하고, 기업과 정부에 빠른 대처를 요구하고, 시민 스스로 행동하고 실천하는 건 나와 우리 가족, 내 친구, 나아가 우리 인류를 위해서예요. 한 사람의 시민이 어떤 생각을 가지고, 어떻게 행동하는지가 모여 결국 우리의 현재와 미래를 결정하게 되죠. 그리고 지구과학에서 배우는 우리

별 지구에 관한 지식이 여러분의 생각과 행동에 영향을 줍니다. 현대 사회의 모든 결정에는 과학이 관여해요. 그러니까 우리는 이런 '과학적 소양'을 길러야 합니다.

환경 오염을 넘어선 기후위기에 사람들은 '기후 문해력(Climate Literacy)'이라는 개념을 만들었습니다. 기후 문해력은 인간의 활동이 기후 시스템에 어떻게 영향을 미치고, 기후변화가 인간의 삶과 지구에 어떤 영향을 미치는지 등을 이해하고, 이에 관해 적응하고 대처하는 능력을 말해요. 미국 국립해양대기청(NOAA)에 의하면 기후 문해력을 갖춘 사람은 지구 시스템과 기후 시스템의 기본 원리를 이해하고, 기후와 관련된 믿을 만한 과학 정보를 알고, 주변 사람들과 기후와 기후위기에 관해 의미있는 방식으로 소통하고, 기후에 영향을 미칠 수 있는 행동에 관한 책임 있는 결정을 내릴 수 있다고 해요.

기후 문해력이란 개념이 등장하자 '기후 문맹'이란 개념도 생겼어요. 문맹은 글을 읽거나 쓸 줄 모르는 상태 또는 그런 사람을 이르는 말입니다. 즉, 기후 문맹은 기후위기에 대한 이해가 부족한 사람을 말해요. 나아가 지금의 기후위기에 자신은 아무런 영향도 미치지 않는다고 믿는 사람을 뜻하기도 하죠. 그리고 확장된 개념으로 '기후 환경 문해력'도 있어요. 2020년 4월 22일에 지구의 날 50주년을 기념해 시작한 캠페인으로, 지금도 활발하게 진행 중입니다. 기후에 환경까지 더해진 기후 환경 문해력은 기후위기 상황을 이해하고, 이와 관련된 환경 문제를 파악해 해결책을 찾을 수 있는 능력을 말한다고 해요.

이런 개념이 많이 생긴다는 건 그만큼 사람들이 여전히 기후위기에 관해 잘 모른다는 겁니다. 2021년 독일, 프랑스, 이탈리아, 영국, 미국 5개국에서 1,000명을 대상으로 진행한 설문조사에 따르면, 응답자 중 14.2%만이 기후 문해력을 제대로 갖춘 것으로 나타났어요.[4] 전체 응답자 중 3분의 2 이상이 지구 평균온도가 산업화 이전 대비 2℃ 이상 상승하면 치명적일 수 있다는 건 알고 있었어요. 그러나 이를 해결하기 위해 주요 온실기체를 감축해야 한다는 사실을 알고 있는 사람은 절반을 조금 넘었다고 합니다.

그럼 우리나라는 어떨까요? 우리나라에서는 앞서 소개한 '과학자들의 반란' 시위가 진행되지 않았어요. 왜냐하면 전 세계에서 인산 활동으로 인해 기후위기가 발생했다고 믿는 인구 비율이 가장 높은 나라 중 하나이기 때문이죠. 2020년 글로벌 여론조사에서 '인간 활동이 기후변화에 영향을 미쳤다'라고 믿는 사람의 비율은 헝가리가 91%로 가장 높았고, 우리나라가 86%로 뒤를 이었어요. 기후변화를 부정하는 사람들을 설득할 필요성이 없으니 우리나라 기후 과학자

---

4 "'제1회 영 클라이밋 프라이즈' 최종 우승자 발표⋯'기후문해력 플랫폼 등 창의력 돋보여!'", 그리니엄, 2023.04.14.

들이 과격하게 발언하거나 행동하지 않는 겁니다. 또 우리나라 국민은 인터넷이나 책 등을 통해 나름대로 정보를 수집하고 열심히 공부하는 특성이 있어서, 기후위기와 관련한 문제점과 정보를 서로 전달하는 방식으로 소통하고 있다고 해요.

기후 문해력을 키우려면 당연히 기후에 관한 관심이 필요합니다. 지금 이 글을 읽고 있는 여러분은 이미 기후 문해력을 잘 쌓고 있어요. 이 책이 기후에 관한 관심을 이어가는 계기가 되기를 바라요. 나아가 여러분이 현재 우리나라를 구성하는 '동료 시민'의 한 사람으로서, 기후 문해력과 과학적 소양을 쌓아 현재와 미래를 잘 결정해 주길 바랍니다. 그럼 이제 본격적으로 기후위기 속 '지구계'에 관해 알아볼까요?

3

지구를 감싸는 대기

1

방랑자의 숨으로 채워진 대기

우리는 매일 한 번의 들숨으로 약 500mL의 공기를 들이마시고, 알게 모르게 수많은 생명체를 먹으며 살아갑니다. 그에 반해 식물은 스스로 양분을 얻을 수 있습니다. 이산화탄소와 물을 흡수하고, 태양의 빛 에너지를 받으면서 광합성이라는 신비로운 작용을 일으키지요. 식물은 광합성으로 포도당이라는 양분을 만들어냅니다. 포도당은 1747년 건포도에서 처음으로 분리된 데서 이름이 지어졌다고 해요. 6개의 탄소와 12개의 수소, 그리고 6개의 산소가 합성된 이 유기물은 생명 에너지의 원천이 됩니다.

더불어 식물의 광합성으로 산소 분자가 만들어져 공기 중으로 내보내집니다. 그렇게 산소는 모든 지구 생명체가 들이마실 수 있는 공동의 유산이 됩니다. 생물들이 열렬히 들이마신 산소는 몸속 양분의 탄소와 수소와 만나 빠르게 또는 느리게 결합하면서 그 안의 에너지를 끄집어내고는 이산화탄소와 물로 탈바꿈해 다시 몸 밖으로 나옵니다. 그런데 처음부터 지구에 산소가 넉넉하게 있었던 것은 아니에요. 아주 오래전 어린 지구의 대기는 수소, 이산화탄소, 암모니아, 메탄과 같은 지독한 기체로 가득 차 있었지요.

그렇다면 지금과 너무도 달랐던 원시 지구의 대기를 산소로 채우기 시작한 주인공은 누구였을까요? 바로 원시 바닷속에서 살던 미세한 '남세균(시아노박테리아)'입니다. 남세균은 세균 중에 유일하게 산소를 발생시키는 최초의 광합성 생물로, 플랑크톤의 일종이에요. 플랑크톤이라면 애니메이션 〈네모바지 스폰지밥〉에 나오는 커다란 눈과 긴 더듬이를 가진 핫도그 모양의 캐릭터를 가장 먼저 떠올릴 것 같은데요. 이 캐릭터는 동물성 플랑크톤이고, 남세균은 식물성 플랑크톤이에요.

그리스어에서 유래한 플랑크톤(Plankton)의 뜻은 '떠다닌다', '방황하다'라는 의미를 지니고 있어요. 플랑크톤은 물의 흐름에 몸을 맡기고 떠다니며 살아가는 각종 식물과 동물, 세균 등을 포함합니다. 남극권 생태계의 주축이 되는 '크릴새우'도 새우와 생김새가 닮았지만, 분류학적으로 새우보다는 동물 플랑크톤에 가까워요. 어린 지구는 이 남세균이라는 플랑크톤의 출현으로 달라지기 시작했어요. 이 방랑자들은 바다의 표층에서 정처 없이 떠다니며 온몸으로 햇빛을 받아 바다에 숨을 불어 넣었답니다. 지구에 '산소 혁명'을 일으킨 거예요. 바닷속에 가득 찬 산소는 밖으로 스멀스멀 새어 나왔고 대기 중의 산소농도는 서서히 올라갔습니다. 산소가 거의 없었던 지구로서는 엄청난 변화였을 거예요.

활동성이 강한 산소는 원시 지구의 구석구석에서 화학 반응하며 역동적으로 탈바꿈시켰습니다. 산소는 탄소와 만나 이산화탄소가 되고, 수소와 만나 물이 되었으며, 여러 가지 지각 원소들과 결합해 다양한 광물들을 진화시켰어요. 이렇게 지구의 공기, 바다, 땅의 성분이 변화했습니다. 지구는 이 풍부한 산소를 이용해 생명을 보존하는 방식으로 진화하면서 각양각색의 생명체가 번성하는 복잡미묘한 행성으로 변했습니다. 지금도 우리가 마시는 산소의 절반은 바다에서 목적 없이 헤매고 있는 식물 플랑크톤에서 온 것입니다.

2

오존, 물에서 육지로
생물들을 초대하다

"환하게 비추는 태양이 싫어~ 태양이 싫어~."

무려 30억 년 동안이나 바다에 갇혀있었던 생명체들의 외침이 통했는지도 모릅니다. 지금으로부터 약 4억 년 전, 대기 중에 풍부해진 산소는 또 하나의 놀라운 사건을 일으켰습니다. 바로 '오존층'이 만들어진 것이죠. '오존(Ozone)'은 '냄새'를 의미하는 그리스어예요. 오존층이 지표 근처에 만들어졌다면 생물들의 숨통을 조였겠지만, 대기가 안정한 성층권에 자리를 잡으면서 지구에 뜻밖의 변화를 가져왔습니다.

산소 분자(O_2)에 자외선을 쪼이면, 2개의 산소 원자(O)로 나뉩니다. 태양에 가까워질수록 자외선이 강하니 대기의 상층으로 갈수록 분해된 산소 원자가 많지요. 반면 하층에는 지구의 중력 때문에 산소나 질소 분자가 밀집되어 있어요. 그래서 산소 원자와 산소 분자는 주로 그 중간 지점에서 충돌해요. 그렇게 오존(O_3)은 지표로부터 약 20~30km 상공의 성층권에 자리 잡게 되었답니다.

그런데 오존이 계속 만들어지기만 하는 것은 아닙니다. 오존(O_3) 분자가 주변의 산소 원자(O)와 충돌해서 다시 2개의 산소($2O_2$) 분자로 되돌아가기도 하죠. 이렇듯 오존은 생성과 소멸을 반복하면서 평형을 이루었고, 일정량의 오존이 안정적으로 유지되는 층이 만들어졌어요. 현재 오존층의 무게는 약 30억 톤 정도이며 평균 두께는 300돕슨(Db)[1]이라고 합니다. 전 지구적인 오존 순환으로 열대지방의 오존이 극지방으로 서서히 수송되어 오존층의 두께는 고위도에서 두껍고, 저위도에서는 상대적으로 얇아요.

약 4억 3천만 년 전인 고생대 실루리아기에 이르렀을 즈음, 지구에 오존층이 형성되면서 생명체의 세포 변형을 일으키는 해로운 태양의 자외선이 흡수되어 걸러졌어요. 그 덕에 생물들이 바다를 넘어 육지로 슬금슬금 올라올 수 있게 되었지요.

그렇다면 지구상에서 어떤 생물이 최초로 땅 위로 올라왔을까요? '최초'라는 수식어는 지층에서 발견되는 화석에 따라 엎치락뒤치락 반전을 거듭하고 있어요. 유력한 초기 육지 식물 후보로는 쿡소

---

1 Dobson Unit, 돕슨 단위. 대기 오존 총량 측정 단위.

쿡소니아

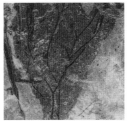
스테가노테카

리니아

니아(Cooksonia), 스테가노테카(Steganotheca), 리니아(Rhynia)가 있어요. 오랜 시간 텅 비어있던 육지에 적응해 뿌리를 내린 식물들은 태양 빛을 온몸으로 받으며 광합성을 할 수 있었고, 대기 속의 이산화탄소는 식물을 거쳐 땅속에 탄소로 축적되었습니다. 고생대 석탄기에는 약 50m에 달하는 고층 아파트만 한 나무들이 울창한 원시림을 이루었고, 쓰러져 죽은 나무들은 썩지 않고 첩첩이 쌓여 인류에게 석탄층을 남겼습니다. (앞으로 약 190년 후면 고갈될 테지만요.)

그렇다면 최초로 지구 땅 위에 발자국을 찍은 동물은 누굴까요? 바로 '절지동물'입니다. 당시 절지동물들은 육지에 적응할 수 있는 신체 구조를 지니고 있었던 것으로 보입니다. 절지동물 중에서도 유력한 후보로 거론되고 있는 동물은 먼저 '유립테루스(Eurypterus)'라는 바다전갈입니다. 고대 그리스어로 넓다는 뜻의 'eurus'와 날개를 뜻하는 'pteron'이 합쳐진 이름처럼 커다란 날개 모양의 집게발을 가지고 있었답니다. 바다전갈은 종에 따라 다르지만, 그 크기가 평균 20cm이고 최대 2.5m인 것도 발견되었다고 해요. 당시에는 사람 크기만 한 바다전갈들이 삼엽충이나 어류를 잡아먹으며 상위 포식자로서 자리매김하고 있었다지요. 이 바다전갈은 물과 육지에서 숨 쉴 수 있었다고 해요. 그런데 최근 연구에 따르면 유립테루스가 실제로는 전갈보다 거미와 더 가까운 모습일 거라 합니다. 또 다른 후보로는 원시 '노래기'의 일종으로, 다리가 여러 개이고, 1cm 정도 크기의 '프네우모데스무스(Pneumodesmus newmani)'가 있습니다. 다리만큼

위에서 본 유립테루스 화석
(출처: 루이스 페르난데스 가르시아,
스페인 헤오미네르 박물관)

프네우모데스무스
(출처: 마테오 데 스테파노,
이탈리아 트렌토 과학박물관)

이나 많은 숨구멍을 가지고 있어 고대 그리스어로 '공기' 또는 '호흡'이라는 뜻의 'pneumato'에서 파생된 이름이 지어졌지요.

이처럼 최초의 육상동물들은 마치 닐 암스트롱처럼 육지로 위대한 도약을 한 것이었을까요? 오히려 바다의 생존경쟁에서 밀려 육지로 내몰렸기 때문이라고 해요. 육상 척추동물의 조상들이 된 물고기들도 강력한 천적을 피해 수초 속으로 신속히 숨어들어 가기 위해 지느러미는 발처럼 변하고 공기 중에서도 자유롭게 숨 쉴 수 있는 폐를 갖는 형태로 진화했다고 해요. 이렇듯 오존층의 형성은 물속에서만 안전하게 살 수 있었던 생물들이 누릴 수 있는 공간을 확장하면서 새롭고 복잡한 진화의 끈을 이어나가게 했습니다.

3

오존층, 이대로 정말 괜찮을까?

남극으로 가는 길목에 있는 칠레의 작은 도시인 푼타 아레나스에서는 언젠가부터 어린이들이 햇볕 아래서 축구를 하다 화상을 입는 일이 잦아졌어요. 피부암 환자도 급증하면서 자외선을 차단하는 수단 없이 외출하는 것은 위험한 일이 되어 버렸지요. 남반구에 봄이 찾아오면 자외선이 점차 강해지면서 남극 대기권 상공의 오존층이 더욱 얇아지고, 오존 구멍이 커집니다. 이는 동식물에도 영향을 미쳐서 들판의 양들은 시력을 잃고, 농작물 수확량이 현저히 줄어들기도 했어요. 이에 칠레는 2006년 자외선으로부터 자국민을 보호하기 위해 국내 환경법을 제정했습니다. 오존 구멍이 가장 크게 관측된 2000년대 초반에는 한낮에 외출 금지령이 내려질 정도로 환경 문제는 지역의 일상을 무너뜨렸습니다.

오존층을 파괴한 주범은 무엇이었을까요? 영화 〈핀치(2021)〉에서는 원자폭탄 1,000조 개가 폭발한 위력에 달하는 태양의 슈퍼 플레어 폭발보 오존층이 파괴되어 집 밖으로 손을 내밀면 피부가 타버리는 장면이 나옵니다. 하지만 지구의 오존층은 꼭 그와 같은 거대한 충격이 아니더라도 '냉매'라는 화학물질로 인해 조용하고 빠르게 파괴되고 있습니다.

1920년대 후반부터 우리에게 시원하고 편리한 일상을 선사해준 에어컨과 냉동 시스템은 암모니아(NH_3), 클로로메탄(CH_3Cl), 프로판(C_3H_8), 이산화황(SO_2)과 같은 화합물을 냉매로 사용했습니다. 그런데 이 물질들은 냉매로 효과적이기는 했지만, 독성이나 폭발할 위험이 있었죠. 사람들은 독성이 없고 불도 붙지 않는 새로운 냉매를 찾기 위해 노력했어요. 그리고 미국 듀폰사에서 근무하던 발명가 토머스 미즐리(Thomas Midgley)가 불과 3일 만에 해결책을 찾아냈습니다. 바로 '프레온가스(염화플루오린화탄소, CFCs)'였습니다.

미즐리는 1941년 뉴저지주 애틀랜틱 시티에서 열린 회의 도중에 청중 앞에서 프레온가스를 들이마셔 입에 물고는 부드럽게 뱉어내면서 활활 타오르고 있던 촛불을 순식간에 꺼버렸습니다. 그는 프레온이 매우 안전하고 불이 붙지 않으며 인체에도 독성이 없다는 설명과 함께 마술사처럼 이 물질을 선보였죠. 프레온가스는 불과 몇 년 만에 거의 모든 냉장고와 에어컨, 스프레이 장치에 쓰였습니다. 이러한 업적으로 모즐리는 수많은 상을 받으며 승승장구했어요. 그는 친구들에게 이렇게 말했다고 해요.

"내 발명품이 많은 근로자에게 생계 수단을 제공하고, 시민들의 삶을 윤택하게 개선해서 혜택을 누릴 수 있다는 사실이 너무나도 기뻐."

하지만 이 화학 발명품은 두 얼굴을 가지고 있었어요. 꿈의 발명품이라 불리며 일상에 '편리함'을 가져다준 프레온가스는 지구의 커다란 보호막을 뚫어버렸습니다. 이러한 사실은 1974년 미국의 셔우드 롤런드(Sherwood Rowland)와 마리오 몰리나(Mario Molina)에 의해 밝혀졌어요. 프레온은 대류권에서는 분해되지 않고 성층권까지 안정적으로 도달하는데, 성층권에서 강한 자외선을 받으면 쪼개지면서 염소 원자(Cl)가 방출됩니다.

자유로워진 염소는 오존(O_3)과 반응해 일산화염소(ClO)와 산소 분자(O_2)를 만듭니다. 그리고 일산화염소(ClO)가 주위의 산소 원자(O)와 작용해 염소 원자(Cl)와 산소 분자(O_2)로 분해되는 과정을 무한 반복하면서 오존층을 파괴해요. 특히 무서운 점은 하나의 염소 분자가 수천에서 수십만 개의 오존을 파괴할 수 있다는 것입니다. 이 연구는 1985년 세계기상기구(WMO)에서 놀라운 사실을 입증합니다. 남극 상공에서 미국의 면적보다 2배나 큰 '오존홀'이 발견된 거예요. 이로써 롤런드와 몰리나는 성층권에서의 오존 문제뿐만 아니라 대류

권의 오존 문제를 꾸준히 연구해 온 파울 크루첸과 함께 공로를 인정받아 1995년에 노벨화학상을 공동 수상했습니다.

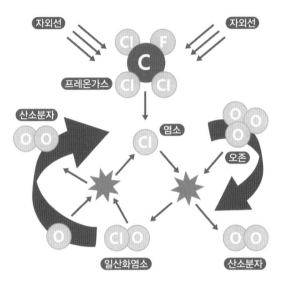

프레온가스가 오존층에 구멍을 내는 과정

오존홀이 생겼다는 것은 어떤 의미일까요? 오존홀이란, 오존층의 두께가 주변과 비교하여 급속히 얇아져 220돕슨보다 낮은 상태를 뜻해요. 남극대륙보다 더 큰 오존홀은 인류에게 공포를 불러일으켰습니다. 국제사회는 시급하게 대책을 마련했고, 1987년 9월 16일, '오존층파괴 물질에 관한 몬트리올 의정서'가 채택되었습니다. 이 의정서는 프레온가스(CFCs)와 소화기에 쓰였던 할론(halon) 등 오존층을 파괴하는 물질에 대한 사용을 규제해서 오존층파괴로 발생하는 인체 및 동식물에 대한 피해를 최소화하기 위한 목적으로 1989년 1월에 발효되었습니다. 처음에는 46개국이 의정서에 서명했지만, 지금은 200여 개국이 가입되어 있어요. 몬트리올 의정서는 지구촌 차원의 합의와 협력으로 환경 문제를 극복한 성공 사례로 평가받고 있습니다.

1세대 프레온 냉매인 프레온가스를 대신하기 위해 2세대 수소염화불화탄소(HCFC)와 3세대 수소불화탄소(HFC)를 새로 만들어 사용했습니다. 프레온가스의 수명은 종류에 따라 45~1,700년인데 반해 수소염화불화탄소의 수명은 1~18년, 수소불화탄소의 수명은 1~270년으로 상대적으로 짧아요. 프레온가스의 오존층파괴지수를 기준(ODP=1)으로 하면 2세대 수소염화불화탄소의 오존층파괴지수는 0.1로, 1997년 교토의정서에 의해 규제되고 있습니다. 그러나 3세대 수소불화탄소는 0으로, 오존층파괴를 줄이는 데 이바지했어요. 여전히 프레온가스를 몰래 사용하는 나라들이 있지만, 2010년부터는 개발도상국에서도 프레온가스 생산이 금지됨으로써 실제로 오존홀은 조금씩 회복되어 갔어요.

처음에는 이 모든 것이 오존층을 수호한 인류의 완벽한 성공 사례처럼 보였어요. 하지만 야속하게도 이 대체 냉매제들이 지구를 점점 더 뜨겁게 만들고 있었답니다. 기후 변화에 관한 정부 간 협의체(IPCC)의 보고에 따르면 이산화탄소의 지구온난화지수(GWP)

를 1로 봤을 때 수소염화불화탄소는 90~1,800, 수소불화탄소는 140~11,700이에요. 어마어마한 수치입니다. 그래서 2030년에는 2세대 프레온 냉매였던 수소염화불화탄소 사용도 전면 금지될 예성입니다. 3세대 수소불화탄소도 몬트리올 의정서의 '키갈리 개정안(2019)'에 따라 단계적으로 중단될 예정이고요. 그리고 앞으로는 4세대 냉매인 수소불화올레핀(HFO)으로 대체된다고 합니다. 수소불화올레핀은 오존 파괴지수가 0이고, 지구온난화지수도 4 이하라서 차세대 냉매라 평가받고 있어요. 하지만 이 또한 완벽하지는 않아요. 가격도 매우 비싸고, 인화성이 있어 화재의 위험성을 안고 있습니다. 그렇다면 자연 냉매를 사용하는 것은 어떨까요?

자연 냉매 중 유망한 친환경 냉매는 이산화탄소, 탄화수소, 암모니아라고 합니다. 특히나 독성이 없고 불이 붙지 않는 이산화탄소가 친환경 냉매로 다시 주목받고 있어요. 이산화탄소는 오존 파괴지수가 0, 지구온난화지수는 1밖에 되지 않거든요. 유럽이나 일본에서도 일찍이 이산화탄소 냉매 시스템의 개발과 시장 도입에 주력하고 있다고 합니다. 그런데 결국 또 이산화탄소를 소비해야 하네요.

국제사회는 몬트리올 의정서 채택 20주년을 맞아 캐나다 몬트리올에 다시 모였습니다. 지난 20년에 걸친 노력의 결과를 평가하고, 프레온가스와 수소염화불화탄소 규제 일정 단축을 주제로 논의했지요. 선진국은 오존층파괴 물질의 소비량을 99% 이상, 개발도상국은 70% 이상 감축했다는 성과 결과가 나왔습니다. 성층권의 오존량도 크게 줄지 않은 것으로 조사됐고요. 과학자들은 앞으로 모든 당사국이 의정서의 규제 조치를 충실하게 이행한다면, 남극의 오존 구멍이 2065년경에 메꿔질 것으로 전망했습니다. 하지만 회복 중이라고 알려진 것과 달리 최근 오존층 중심부의 오존량이 20년 전보다 26%나 감소한 것으로 보고되기도 했습니다. 지구 시스템은 인류에 의해 쉽게 조절될 수 있는 작은 실험실이 아닙니다. 한때는 웅장한 요새, 섬세한 손처럼 치명적인 햇빛을 막아주었던 지구의 오존층이 조용하고 부주의한 화학물질에 의해 균형이 무너져 벌거벗겨지고 있습니다.

2023년 7월, 기후 관측 이래 '가장 더운 날'로 지구의 평균기온이 17°C에 달했어요. 전문가들은 엘니뇨의 여파로 이 최고 기록마저도 머지않아 깨질 거라고 합니다. 지구가 더워질수록 냉매 사용은 더욱 늘어나겠죠. 냉장고 안은 차갑지만, 그 뒤는 후끈후끈합니다. 냉매는 냉동 장치에서 주위의 열을 흡수하지만, 응축기에서 열을 방출하기 때문이죠. 냉매는 동전의 양면과도 같습니다. 결국, 이 끝이 없는 악순환의 고리는 인류의 숨통을 조일지도 모릅니다. 하지만 아직 우리에게는 대기의 상처를 회복시키고 바로잡을 시간이 남아있습니다. 국제사회가 눈앞의 이익만을 따라가지 않고, 지구의 치유에 대한 공동 의지로 합의한 서약과 규정을 바람직하게 이행한다면, 지구 생명체가 생존과 번성을 위해 긴 호흡으로 만들어낸 지구 환경의 유산을 지켜낼 수 있을 것입니다.

4

우리가 마시는 지표 근처
대기는 깨끗할까?

공기 캔에 관해 들어본 적 있나요? 가상의 이야기 같지만, 현재 우리나라에서도 지리산 중턱에서 포집한 공기를 캔에 담아서 팔고 있답니다. '포집'은 대기과학이나 화학 분야에서 자주 사용하는 용어인데, '적은 양의 원하는 물질을 모은다'라는 뜻으로 이해하면 돼요. 캐나다의 로키산맥 공기 캔이 중국에서 큰 인기를 끌었고, 같은 회사가 경상남도 하동군과 합작해 2017년부터 생산을 시작했다고 합니다. 지금처럼 계속 대기 질이 나빠지면 머지않아 공기 캔을 사 마시는 게 일상이 될지도 모르겠어요.

2016년 우리나라 대기 질 순위는 세계 180개국 중 173위를 차지했습니다. 하지만 실제 측정값이 아니라 인공위성 자료로 추정한 불확실한 값으로 평가한 결과라고 해요. '2019 세계 대기 질 보고서'에서는 우리나라가 OECD 회원국 중 초미세먼지 오염 농도 1위였어요. 그리고 OECD 회원국 내 도시 중 초미세먼지 오염이 심각한 100대 도시 중 61개가 우리나라 도시였지요. 다만 이 결과는 OECD 회원국들과 비교한 순위이기 때문에 실제로 전 세계 국가와 비교했을 때 우리나라의 대기 질은 깨끗한 편에 속합니다. 그렇다면 지금 우리가 마시고 있는 대기 질이 좋은지 나쁜지 우리는 어떻게 판단할 수 있을까요?

2021년 9월 22일, 세계보건기구는 미세먼지(PM10)와 초미세먼지(PM2.5), 오존, 이산화질소, 이산화황, 일산화탄소 등 대기오염 물질 6종에 대한 '대기 질 지침(AQG)'을 새로 발표했습니다. 지난 2005년 발표한 지침을 16년 만에 개정했는데, 6종 중에서 미세먼지와 초미세먼지 기준만 강화되었어요. 세계보건기구라는 이름에 걸맞게 인간의 건강, 공중 보건에 관한 주요 위험과 관련해서 전 세계적으로 지침을 제시한 것이죠. 2016년부터 개정을 준비하며 그간 쌓인 연구 결과들을 종합해 대기오염 물질별로 건강에 미치는 영향에 대한 평가가 이루어졌고, 그에 따라 미세먼지 관련 기준만 바뀌게 된 겁니다.

대기오염 물질 6종에 관한 지침에서는 '임시 목표'를 제시해요. AQG 수준을 달성하는 것을 궁극적인 목표로 삼길 권하지만, 대기오염 수준이 높은 곳에서는 현실적으로 달성하기 어려울 수 있어요. 그래서 점진적으로 대기 질을 개선할 수 있게 목표 달성 수준을 나누어 제시해 두었습니다. 또 대기오염이 특정 국가나 지역의 문제가 아니라 전 세계적으로 겪고 있는 공통의 문제임을 강조하면서 모두 함께 해결하기 위해 노력하도록 참여를 유도하기 위한 것이죠.

그렇다면 세계보건기구가 제시한 이 지침을 만족하는 대기 환경에서 사는 사람은 몇이나 될까요? 2023년 3월에 발표된 연구 결과[2]에 따르면 지구에서 세계보건기구 기준을 충족하는 지역은 육지 면적의 0.18% 정도이고, 그 지역에서 사는 사람은 인류 10만 명 가운데 1명 정도인 0.001%에 불과하다고 합니다. 대기 측정소를 촘촘하게 두고 있는 선진국과 달리 저개발 국가는 측정소도 드물고, 데이터도 공개하지 않아 지구 전체의 초미세먼지 수준을 파악하기는 어려워요. 연구팀은 2000~2019년 사이 65개국 5,446곳의 측정소 데이터와 위성 기반 관측 자료, 지질 정보를 기반으로 전 지구 초미세먼지 농도를 분석했어요. 그 결과 이 기간 전 세계 초미세먼지 연평균 농도는 32.8μg/m³로, 지침에서 제시한 기준의 두 배가 넘는 것으로 나타났습니다. 초미세먼지 농도가 가장 높은 지역은 우리나라가 포함된 동아시아(50.0μg/m³) 지역이었죠.

---

2   "초미세먼지에 싸인 지구…인류 0.001%만 '기준 이내'에 산다", 한겨레, 2023.03.07, "세계 인구 99.999%가 기준치 초과 초미세먼지 마시며 산다", 동아사이언스, 2023.03.10.

5

내 주변 대기가 깨끗한지 확인해볼까?

우리나라 대기 환경 기준을 살펴볼까요? 우리나라에서 개발한 '통합대기환경지수(Comprehensive Air-quality Index, CAI)'도 세계보건기구의 지침과 같이 대기오염 물질 6종을 기준으로 합니다. 누구나 쉽게 알 수 있게 만들었다고 해요. 사람 몸에 얼마나 안 좋은지, 사람들이 얼마나 불편하게 느끼는지, 우리나라 사람의 특성을 반영하고, 국민 행동 요령도 선정하여 2014년에 제안한 지수입니다. 초미세먼지 기준은 2011년에야 만들어져서 2015년부터 적용되었어요.

우리나라에는 전국에 600개가 넘는 대기 측정소가 설치되어있고, 실시간으로 측정한 대기 환경 기준물질 자료를 통합대기환경지수로 계산하고 있어요. 대기 오염도를 4개 등급과 색상으로 표현해 한눈에 알기 쉽게 공개하고 있지요. 한국환경공단에서 운영하는 에어코리아 누리집[3]과 각종 포털에서 제공하는 날씨 서비스에서 확인할 수 있습니다. 혹시 직접 측정한 값으로 계산해 보고 싶다면, 에어코리아 누리집에서 제공하는 'CAI 계산기'를 활용할 수 있어요.

항목	국가기준	
아황산가스 (SO_2)	연간 평균치	0.02ppm 이하
	24시간 평균치	0.05ppm 이하
	1시간 평균치	0.15ppm 이하
일산화탄소 (CO)	8시간 평균치	9ppm 이하
	1시간 평균치	25ppm 이하
이산화질소 (NO_2)	연간 평균치	0.03ppm 이하
	24시간 평균치	0.06ppm 이하
	1시간 평균치	0.10ppm 이하
미세먼지 (PM-10)	연간 평균치	$50\mu g/m^3$ 이하
	24시간 평균치	$100\mu g/m^3$ 이하
초미세먼지 (PM-2.5)	연간 평균치	$15\mu g/m^3$ 이하
	24시간 평균치	$35\mu g/m^3$ 이하
오존 (O_3)	8시간 평균치	0.06ppm 이하
	1시간 평균치	0.1ppm 이하
납 (Pb)	연간 평균치	$0.5\mu g/m^3$ 이하
벤젠 (Benzene)	연간 평균치	$5\mu g/m^3$ 이하

환경정책기본법 시행령 〈개정 2022.12.6.〉 환경 기준 (제2조 관련) 1. 대기
(출처: 한국환경공단)

---

3 https://www.airkorea.or.kr/web/

	좋음(0~50)	보통(51~100)	나쁨(101~250)	매우나쁨(251~)
상징색	파랑	초록	노랑	빨강
RGB Code	0000FF	00FF00	FFFF00	FF0000
픽토그램				

4단계로 나뉘어져 있는 통합대기환경지수
(출처: 한국환경공단)

서울에 사는 친구들은 대기 오염도를 더 쉽게 확인할 방법이 있어요. 바로 남산서울타워의 조명 색깔을 확인하면 돼요. 물론 낮에는 보이지 않아요. 남산서울타워는 2011년 5월부터 조명 색깔을 통해 미세먼지 농도를 알려주기 시작했어요. 2015년부터는 초미세먼지를 기준으로 조명 색을 정한다고 해요. 왜 통합대기환경지수가 아닌 미세먼지 단계를 알려주는 걸까요? 세계보건기구 지침에서도 미세먼지와 초미세먼지 기준만 강화된 것을 보면 여러 대기오염 물질 중에서 특히 미세먼지와 초미세먼지 문제가 우리에게 미치는 영향도 크고, 해결도 어려워서 그러는 건 아닐까요? 세계보건기구와 우리나라의 기준을 비교해 보면 비슷하거나 우리나라가 조금 더 엄격한 편이라고 해요.

환경부에서 발간한 「환경백서(2022)」에 따르면, 2005년부터 추진

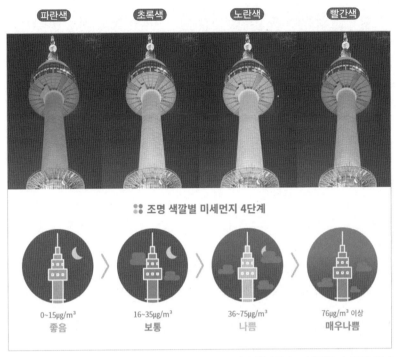

남산서울타워의 조명 색깔별 미세먼지 4단계
(출처: 남산서울타워 사이트)

된 수도권 대기 질 개선, 청정연료 공급 확대, 배출 규제 강화 등 정부의 대기 질 개선 대책에 힘입어 대기오염 물질의 농도가 꾸준히 감소했다고 해요. 하지만 미세먼지 오염도는 다른 선진국에 비해 높은 수준이고, 국내외 오염 물질 배출량은 단기간에 줄이기 어려우며 대기 정체 등 기상 상황을 고려하면 당분간 고농도 미세먼지 오염이 자주 발생할 것으로 예상합니다.

6

미세먼지는 '먼지'일까?

대기과학에서 '에어로졸'은 0.001~100μm(마이크로미터) 정도로 크기가 작은 공기 중의 고체 또는 액체 상태의 입자를 말합니다. 에어로졸은 황사, 화산재, 바닷소금같이 자연적으로 발생하기도 하고, 도시나 산업시설에서 배출, 소각, 자동차 등을 통해 인위적으로 발생하기도 하죠. 에어로졸은 대기 중에 떠다니면서 지표면으로 들어오는 태양복사 에너지를 차단하거나 흡수하고, 구름을 만들고 그 특성을 변화시키면서 기후 변화에도 영향을 미칩니다. 많이 들어본 설명 같지요? 미세먼지를 떠올리게 합니다.

우리나라는 '대기환경보전법(1990년 제정)'에서 먼지를, '미세먼지 저감 및 관리에 관한 특별법(2018년 제정)'에서 미세먼지를 정의하고 있습니다. 미세먼지는 크기 10μm 이하인 먼지이고, '먼지'란 대기 중

에 떠다니거나 흩날려 내려오는 '입자상물질'이에요. 그리고 '입자
상물질'은 이러저러한 연유로 발생하는 고체 또는 액체의 미세한 물
질이라고 합니다. 결국, 미세먼지란 인위적으로 발생한, 크기가 10μ
m 이하인 에어로졸이에요. 대기 중에 떠다니는 물질은 기체, 액체,
고체 세 가지 상태로 존재할 수 있고, 그중 기체를 뺀 나머지 액체
와 고체를 모두 에어로졸이라고 부르고 있었으니까, 실은 미세먼지
는 오히려 고체나 먼지로 오해할 수 있는 용어입니다. 에어로졸과 달
리 '인위적'으로 발생했다는 제한이 있긴 하지만, 알 수 없는 이유로
정부에서 '미세먼지'라 법에 정했어요. 이제는 다들 미세먼지로 부르
고 있으니 용어를 바꾸긴 어려워 보여요. 영어로 PM10이라고 할 때,
PM은 Partical Matter, 입자상물질을 뜻합니다. 과학자들은 에어로졸
또는 PM10이라고 합니다. 우리나라에서 논문을 발표할 때는 미세먼
지(PM10)라고 함께 표기하기도 해요. 입자크기가 2.5μm보다 작으면
초미세먼지라고 부르는데요. 최근에는 1μm보다 작은 입자도 구분할
수 있게 되어서 지름이 100nm(=0.1μm, 나노미터)인 입자를 UFP(Ultra
fine particle), 초미세 입자라고 합니다. 우리나라에서는 이미 초미세
먼지라는 용어를 사용해서 극초미세먼지 또는 나노 미세먼지라고
쓰고 있지만, 용어를 통일하지는 못했습니다. 결국, 미세먼지는 '인위
적으로' 발생한 작은 입자로, 고체뿐 아니라 액체도 포함되며 크기로
만 구분합니다.

7

황사와 미세먼지는 달라요

그럼 황사도 미세먼지일까요? 황사는 누를 황(黃)과 모래 사(砂) 자를 사용해 노란 모래폭풍을 뜻합니다. 영어로는 'Yellow dust'라고 하죠. 주로 몽골과 중국의 사막 지역, 황하 중류의 건조 지대, 황토로 덮인 내몽골 고원에서 발생합니다. 이 입자가 강한 바람이 불어 흙먼지나 모래가 공중으로 떠올라 먼지구름이 되고, 바람을 타고 이동하면서 천천히 지표면으로 떨어지는 자연현상입니다. 황사가 발생하는 지역에서 입자크기는 1~1,000μm지만, 우리나라에서 관측되는 황사는 약 1~10μm 크기에요. 입자가 클수록 빨리 떨어지므로, 며칠 동안 대기에 떠서 우리나라까지 오는 입자는 크기가 작은 것만 남은 거예요. 황사의 입자크기만 보면 미세먼지에 포함될 것 같지만, 황사는 자연적으로 발생하기 때문에 미세먼지와는 다릅니다.

미세먼지에 관한 법이 하나 더 있습니다. 바로 '재난 및 안전관리 기본법'입니다. 재난은 '국민의 생명·신체·재산과 국가에 피해를 주거나 줄 수 있는 것'이에요. 이 법에서 황사는 자연재난, 미세먼지는 사회재난으로 분류됩니다. 그런데 대기 질 예보를 보면 황사가 발생했으니 미세먼지를 주의하라고 하죠? 황사가 날아오는 길목의 지역에 미세먼지가 떠 있었다면 우리나라까지 함께 날아올 가능성이 크기 때문입니다. 우리나라에 황사가 유입되었는데 때마침 대기의 흐름이 느려져 대기가 정체된다면, 우리나라에서 발생한 미세먼지 영향도 커지게 됩니다. 또 미세먼지 생성 과정을 생각하면, 황사를 포함한 자연현상에 의해 에어로졸이 우리나라로 유입되었을 때 미세먼지 농도 역시 높아진다고 볼 수도 있습니다.

8

미세먼지가 만들어지기까지

미세먼지는 어떻게 만들어질까요? 흔히 알고 있듯이 무언가를 태우거나 마찰할 때 미세먼지가 만들어집니다. 발전소나 제철소, 공장 굴뚝이나 자동차 배기가스, 건설 현장 등에서 대기로 배출됩니다. 쓰레기 소각, 도로나 빈 집터, 고깃집 등에서도 만들어지죠.

어떤 크기의 불이라도 불이 붙으면 연기가 나고, 그을음이 생기고, 재가 생기죠. 어떤 물질이 타는 과정은 곧 공기 중 산소와 결합하는 과정입니다. 나무가 잘 타면 이산화탄소(CO_2)와 수증기(H_2O)가 만들어지지만 덜 타면 일산화탄소(CO), 질소산화물(NO_x), 휘발성유기화합물($VOCs$), 그을음이라 불리는 검댕(black carbon)을 포함한 매연이 만들어집니다. 재와 검댕, 숯가루가 공기 중에 날리면 미세먼지가 돼요.

마찰하는 가장 쉬운 예는 우리가 신는 신발 밑창입니다. 신발을 신고 다니다 보면 밑창이 닳아 없어져요. 사라진 신발 바닥은 어디로 갔을까요? 신발 밑창 소재는 대부분 합성 고무, 즉 플라스틱입니다. 매일 걷고 뛰는 동안 밑창과 땅이 계속 마찰하며 가장 바깥쪽 부분이 닳아요. 아주 작은 미세플라스틱 조각으로 갈려 날아간다는 말입니다. 이런 조각이 공기 중에 날아다닐 수 있을 정도로 작아지면 미세먼지가 되는 거예요. 신발 밑창과 같은 소재로 만든 것이 자동차 타이어입니다. 자동차가 달리면 타이어가 닳아 미세먼지가 돼요. 타이어가 마모되어 수명을 다하기까지 승용차는 약 1kg, 트럭이나 버스는 약 10kg 정도 마모된다고 알려져 있습니다.

이렇게 미세먼지를 직접 배출하는 곳을 '배출원'이라고 합니다. 무언가를 태우거나 마찰이 일어나는 곳은 어디든 배출원이 될 수 있어요. 배출원에서 대기로 바로 배출되는 미세먼지를 1차 배출 미세먼지라고 합니다. 그리고 기체 상태의 대기오염 물질이 햇빛을 받아 화학반응을 일으키면 초미세먼지(PM2.5)가 만들어집니다. 기체가 미세먼지로 바뀌는 거죠. 살짝 과장해서 말하자면, 미세먼지가 액체, 고체 상태의 입자상 대기오염 물질이니까 결국 모든 대기오염 물질이 미세먼지가 되는 셈입니다.

우리나라 환경부에서는 유럽의 배출원 분류체계를 기초로 우리나라 현실에 맞추어 2016년부터 13개 대분류로 배출원을 분류하고 배출량을 계산해 '대기배출원관리시스템(Stack Emission Management System, SEMS)'을 운영하고 있습니다.

대기오염 물질 배출원은 크게 13개로 분류합니다. 먼저 연료연소 배출원은 에너지산업 연소(01), 비산업 연소(02), 제조업 연소(03)로 나누며, 제조업 공정에서 발생하는 배출은 생산공정(04)에 포함합니다. 주유소 및 저유소의 휘발유 증발은 에너지수송 및 저장(05), 페인트 등의 사용으로 인한 배출은 유기용제 사용(06) 배출원에 해당합니다. 자동차는 도로이동오염원(07), 항공, 해상선박, 건설장비 등은 비도로이동오염원(08) 배출원으로 분류되며, 그 외에 폐기물처리(09), 농업 활동(10)도 있습니다. 화재나 인간과 멧돼지에 의한 배설물은 기타 면오염원(11), 도로 재비산 먼지, 건설공사 등은 비산먼지(12), 고기구이, 숯가마 등은 생물성 연소(13) 배출원으로 분류합니다.

오늘 나의 하루가 대기오염 물질 배출원과 얼마나 관련되어 있는지 돌아볼까요? 아침 해가 뜨면 일어나서 세수를 해요. 화장실 불을 켰다면 전기 에너지를 사용했네요. 불을 켜지 않았어도 수돗물을 사용했다면 역시 전기 에너지를 사용한 거예요. 수돗물을 만들 때 투입되는 비용 중 전기 요금이 큰 비중을 차지하고 있어 '물은 곧 전기'라고도 하거든요. 전기 에너지 생산은 에너지산업 연소(01) 배출원과 관련됩니다. 이제 아침을 먹어야겠죠? 밥을 먹는다면 농업 활동(10). 고기든 생선이든 구이가 있다면 생물성 연소(13)와 조리를 목적으로 하는 비산업 연소(02), 밥그릇, 수저 등 식기를 사용했다면 제조업 연소(03), 반찬에 가공식품이 있다면 생산공정(04) 배출원과 관련됩니다. 식사를 마쳤으면 화장실에 들렀다가 가방을 챙겨서 학교로 가볼까요? 소변은 기타 면오염원(11), 휴지는 폐기물 처리(09)와 관련되고, 학교 가는 데 버스를 탄다면 자동차는 도로 이동오염원(07), 비산먼지(12), 에너지 수송 및 저장(05) 배출원과 관련됩니다. 아침에 일어나서 학교로 가기까지 한 두 시간 남짓한 짧은 시간 동안 우리 생활은 대기오염 물질 배출원 대분류 13개 중 최대 11개까지 관련된답니다!

9

먼지를 날리며 달리는 사람들

다음 페이지에 나오는 표는 2020년 부문별 미세먼지와 초미세먼지의 연간 배출량을 정리한 막대그래프입니다. 가장 눈에 띄는 부문은 역시 비산먼지입니다. 2017년에도 비산먼지는 전국 미세먼지 배출량 중 50.2%로 가장 큰 비율을 차지했고, 2020년에는 무려 64.5%로 증가했어요. 비산먼지는 날 비(飛)와 흩어질 산(散). 즉, '날아서 흩어지는 먼지'라는 뜻이에요. 건설, 농업, 축산 등 사업장에서 일정한 배출구 없이 대기로 배출됩니다. 이 중 '도로 재비산 먼지'가 약 40%를 차지한다고 해요. 자동차 배기가스, 타이어 마모, 브레이크 패드 마모 등에 의해 도로 위에 가라앉아 쌓인 먼지가 도로를 달리는 자동차에 의해 다시(재) 대기 중으로 날아가 흩어지는 입자상 물질이에요.

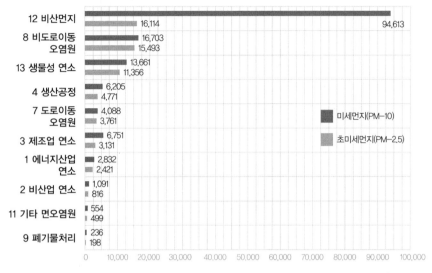

2020년 부문별 연간 배출량(톤)
(출처: 환경부 국가미세먼지정보센터 CPASS)

2020년에는 코로나19로 우리 사회가 꽁꽁 얼어붙어서 탄소 배출량마저 감소했었죠. 그런데 비산먼지는 2019년 10만 5,037톤(50.53%)에서 2020년 9만 4,613톤(64.48%)으로 전체 배출량은 조금 줄었지만, 전체에서 차지하는 비율이 엄청나게 늘었습니다. 제조업 연소 부문이 5만 2,932톤(24.46%)에서 6,751톤(4.60%)으로 급격히 감소한 것과는 대조적입니다.

코로나19 확산을 줄이기 위해 사회적 거리 두기 조치가 시행되어 외출도 외식도 어려워졌고, 재택근무가 늘었습니다. 더불어 1인 가구가 전체 일반 가구 중 30%를 넘게 되면서 온라인 쇼핑 배송과 배달 시장 규모가 빠르게 커졌죠. 2020년 우리나라 국민 1인당 연간 배달 음식 플라스틱 사용량이 약 1,341개로, 무려 10.76kg이었다고 합니다.[4] 배달과 배송은 곧 오토바이나 자동차의 이동이고, 비산먼지는 앞으로도 계속 늘어날 전망입니다.

---

4 「배달 앱 이용 실태조사」, 한국소비자원, 2022.12.(p.12)

10

미세먼지만큼 늘어나는 온실기체

자동차는 타이어가 닳으면서 비산 먼지를, 도로를 달리면서 재비산먼지를 배출하는 것 외에도 연료를 태우면서 미세먼지를 배출합니다. 특히 연료 연소 과정에서 나노미세먼지(UFP)를 직접 배출한다고 해요. 관측 기술이 발달하면서 나노미세먼지에 관한 연구가 늘었고, 그 결과 세계 주요 국가의 도심지역 미세먼지 중 나노미세먼지가 80% 이상이며 그중 자동차를 통해 배출되는 양이 60% 정도라는 걸 알게 되었어요. 나노미세먼지가 자동차 배기가스에서 만들어지고 대기 중으로 확산하는 과정을 분석해 보니 낮에는 도로에서 300~500m, 밤에는 2km 떨어져야 그 농도가 주변 공기와 같아졌어요. 또한, 자동차 속도가 빨라질수록 엔진 부하가 커져서 연료 소비량이 늘고 배기 온도가 높아져 나노미세먼지가 더 많이 방출됩니다.[5] 나노미세먼지 연구가 시작된 지는 얼마 되지 않아서 이제야 결과가 나오고 있어요. 우리는 관심을 가지고 계속 결과들을 찾아봐야 합니다.

대중교통 이용 캠페인은 1990년대 말부터 시작되어 계속되고 있지만 전 세계 자동차 대수는 계속 증가하고만 있어요. 2019년 전 세계에 운행 중인 자동차 총 대수는 약 14억 9천만 대로 연평균 4%대의 높은 성장을 이어왔고, 2009년 9억 8천만 대에서 10년간 52% 증가했죠.[6] 같은 캠페인이 30년이 넘도록 계속되고 있다는 건, 여전히 큰 변화가 이루어지지 않았다는 얘기입니다. 자동차가 늘면 대기오염도 미세먼지도 줄일 수 없습니다. 더불어 온실기체도 늘어나기만 하고요.

산업 발전의 기반이 된 철강산업은 현재 이산화탄소를 가장 많이 배출하는 산업 분야입니다. 자동차의 몸체는 철로 되어 있어요. 자동차는 만들 때부터 온실기체를 배출하고, 완성된 자동차를 배송할 때도 배출하고, 자동차를 타고 달릴 때도 배출하고, 폐기할 때도 배출합니다. 자동차 1대당 평균 탄소발자국은 53.8톤으로, 전 세계 탄소 배출량의 약 9%에 해당합니다. 2021년 기준 우리나라 1인당 연

---

5 "독성 높은 나노미세먼지…교차로 전후 30m서 농도 최고", 한겨레, 2018.12.17.

6 "전 세계 자동차 15억대 다닌다…10년 전 9.2억대서 52% 증가", 서울경제, 2020.12.01.

간 탄소 배출량은 약 13.1톤으로 세계 평균보다 2.5배 더 많았는데요. 자동차 1대가 우리나라 사람 4명이 1년 동안 배출하는 탄소 배출량보다 많은 양을 배출하고 있지요. 먼지 관리는 곧 온실기체 관리와 연결됩니다.

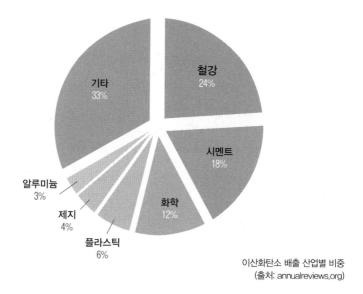

이산화탄소 배출 산업별 비중
(출처: annualreviews.org)

11

전기자동차는 정말 친환경일까?

탄소배출을 줄이기 위해 전기자동차를 타는 건 어떨까요? 사람들은 휘발유, 경유, LPG(액화석유가스) 등을 연료로 하는 내연기관 자동차를 대체하기 위해 전기자동차를 개발하고 있습니다. 전기자동차는 화석연료를 사용하지 않으니 탄소 배출량을 줄일 수 있을 거라고 기대하죠. 여기서 더 나아가 전기자동차가 친환경이라고 주장하기도 합니다.

정말 그럴까요? 전기자동차의 생애 전 주기가 환경에 미치는 영향을 평가해 보면 다른 자동차와 크게 다르지 않습니다. 전기자동차를 만들 때부터 살펴보죠. 전기자동차도 몸체는 철로 되어 있어 철강산업에 기대고 있습니다. 앞서 이야기한 것처럼 철강산업은 이산화탄소를 가장 많이 배출하는 산업 분야입니다. 또한, 전기자동차의 가장 중요한 부품인 배터리를 만들기 위해서는 니켈, 망간 등의 주요 원료를 채굴하고 가공해야 합니다. 채굴 과정에서는 열대 우림을 벌채하고, 가공 과정에서는 고열과 고온이 수반되는 공정이 있습니다. 환경도 오염시키고 이산화탄소도 많이 배출하는 거죠.

전기 자동차가 완성된 후 공장에서 소비자에게 배송할 때도 역시 탄소를 배출하고요. 전기자동차가 달릴 때도 타이어에서는 비산먼지가 만들어집니다. 배터리 무게 때문에 전기자동차가 다른 자동차보다 무거워 타이어가 훨씬 더 빨리 닳기 때문에 오히려 더 빨리 비산먼지를 만들 수도 있어요. 당연히 폐기할 때도 다른 자동차와 마찬가지로 탄소를 배출합니다.

무엇보다 화석연료를 태우지 않기 위해 전기 에너지를 사용해 자동차를 달리게 했지만, 아직 우리는 전기 에너지를 만들 때 화석연료를 태웁니다. 특히 우리나라는 여전히 에너지 생산량의 40% 이상을 석탄화력발전소가 담당하고 있으니까요. 탄소 배출량을 줄이기 위해 전기자동차를 선택한 사람에게는 배신감이 들만한 이야기입니다.

이런 상황에서 전기자동차를 선택한다는 건, 실제로 에너지 사용량을 줄이려는 생각은 아닐 수 있어요. 친환경이라며 자동차를 소유할 수 있는 좋은 핑계를 만들어주는 건 아닐까요? 물론 교통수단을 선택할 때 환경만 고려해야 하는 건 아니지만, 더욱 넓은 시각으로 촘촘하게 따져볼 필요는 있겠죠?

12

실내 공기 질은 무엇으로 결정될까?

이제 실내로 들어와 봅시다. 학교를 예로 들어볼게요. 우리나라 중학생은 보통 평일에 6~7시간 정도, 고등학생은 7~8시간 정도 학교에 머무릅니다. 운동장을 포함한 실외 활동을 빼면 교실에서 보내는 시간이 5~6시간을 넘습니다. 학교에 체육관이 있다면 체육 수업 시간에도 실내에 있게 되고요. 하교 후 학원이나 독서실, 집으로 이동해서 계속 실내에 머무른다면 하루에 80~90%를 실내에서 보내게 됩니다. 실내에서 일하는 사람 대부분도 비슷할 거예요.

나를 둘러싼 주변의 모든 것을 환경이라고 한다면 실내 환경은 내가 가장 오랜 시간 활동하는 장소의 모든 것이라고 볼 수 있습니다. 기후 변화로 지구의 평균기온이 오르는 만큼 실내도 온도가 높아졌고, 이에 따라 냉방기 사용도 늘고 있어요. 폭염, 폭설 등 날씨가 험한 날이 많아지고, 코로나19 같은 감염병도 자주 발생할 거라는 예측은 앞으로 우리가 실내에 머무는 시간은 더 길어질 것을 말해줍니다. 그런데 대부분 실내 공기에 관해서는 무관심합니다. 미세먼지 나쁨 예보가 뜨는 날이면 종일 교실 창문이 꽁꽁 닫혀있죠. 교실에 공기청정기가 들어온 뒤로는 더합니다. 날씨가 좋아도 창문을 닫고 공기청정기를 켜서 뜨는 파란불을 보고 안심하죠. 스무 명, 많게는 서른 명이 넘는 젊은이들이 모여 다 같이 열을 내면서 교실 창문을 죄다 닫고 있으니, 덥지 않은 날에도 에어컨을 켜는 건 당연한 일일지도 모릅니다. 그렇다면 정말 실내 공기는 깨끗할까요?

먼저 우리에게 해로운 실내 오염 물질에는 무엇이 있는지 볼게요. 무척 다양한 종류가 있지만, 현재 우리나라에서 관리하는 대표 실내 오염 물질은 다음과 같습니다. 학교보건법으로 관리하는 실내 오염 물질이기도 해요.

실내 공기 질 관리법 시행규칙 [별표1] <개정 2019.2.13.>

1. 미세먼지
   (PM-10)

2. 이산화탄소
   (CO_2, Carbon Dioxide)

3. 폼알데하이드
   (Formaldehyde)

4. 총부유세균
   (TAB, Total Airborne Bacteria)

5. 일산화탄소
   (CO, Carbon Monoxide)

6. 이산화질소
   (NO_2, Nitrogen dioxide)

7. 라돈
   (Rn, Radon)

8. 휘발성유기화합물
   (VOCs, Volatile Organic Compounds)

9. 석면
   (Asbestos)

10. 오존
    (O_3, Ozone)

11. 초미세먼지
    (PM-2.5)

12. 곰팡이
    (Mold)

13. 벤젠
    (Benzene)

14. 톨루엔
    (Toluene)

15. 에틸벤젠
    (Ethylbenzene)

16. 자일렌
    (Xylene)

17. 스티렌
    (Styrene)

사무실이나 대중교통, 승용차도 실내 공기 질 기준을 정해 관리합니다. 관리 대상의 특성에 따라 기준이 정해져 있어요. 예를 들어 지하철을 포함한 도시철도, 고속버스, 시외버스, 철도차량은 이산화탄소와 미세먼지, 두 가지 물질에 관한 권고 기준이 설정되어 있습니다.

학교 실내 공기 질 관리 기준도 적용 시설에 따라 항목과 기준이 정해져 있어요. 미세먼지, 이산화탄소, 폼알데하이드, 총부유세균은 모든 시설이 기준에 맞춰 관리해야 해요. 지하 교실은 라돈, 단열재로 석면을 사용하는 학교는 석면, 보건실은 진드기 기준을 지켜야 합니다. 보건실과 식당은 낙하 세균에 관한 기준도 정해져 있어요.

학기마다 모든 학교에서 공기 질을 측정하고, 보고서를 작성하고 공개합니다. 우리 학교 실내 공기 질이 궁금하다면 행정실에 자료를 요청해서 볼 수 있어요. 요즘에는 간이측정기를 구하기도 어렵지 않으니 직접 측정해서 기준[7]과 비교해 봐도 좋겠네요.

---

7 학교 공기 질에 관한 유지·관리 기준은 '학교보건법 시행규칙 [별표 4의2] 공기 질 등의 유지·관리기준(제3조 제1항 제3호의 2 관련)'에 정리되어 있다.

미세먼지(PM10), 초미세먼지(PM2.5)

실내 공기 질은 대기 질에 영향을 많이 받습니다. 실내 미세먼지는 대기 미세먼지 농도가 높아지면 영향을 받아 같이 높아져요. 고농도 미세먼지가 발생하면 환기가 잘 안되는 실내에서도 미세먼지 농도가 급격하게 올라가는 것을 확인할 수 있습니다.

대기오염 물질 배출원이 가까운 학교라면 주변 대기에 미세먼지나 초미세먼지의 농도가 높은 만큼 학교로 유입되어 실내 공기도 오염 물질 농도가 높을 겁니다. 그런데 몇몇 연구 결과에 따르면 공단이나 공사장, 도로 주변 학교나 청정학교나 별 차이는 없었다고도 해요. 실내 미세먼지는 실외의 영향도 있지만, 환기의 영향이 크기 때문입니다.

주변 공기가 나쁘다고 바깥 공기가 들어오지 않게 해도 미세먼지는 실내에서 생활하는 동안 여러 활동으로 계속 만들어져요. 실내 공기 오염 물질 분포에 관한 다양한 국내 연구에 따르면, 교실에서 미세먼지가 높게 관측되는 때는 학생들이 많이 움직이는 쉬는 시간과 점심시간, 청소 시간이라고 합니다. 교실에서 생활하는 학생 수가 일반 사무실의 4배가 넘는다고 하니, 언제든 안전 기준치를 넘을 가능성이 있어요.

이산화탄소(CO₂)

이산화탄소는 물질 연소와 생명체의 호흡 과정에서 발생해요. 실내 이산화탄소는 주로 사람들의 호흡으로 만들어져요. 단위 면적당 인원이 많을수록 높게 나타나죠. 이산화탄소는 보통 400~500ppm 정도로 분포하지만, 실내에서는 종종 2,000ppm이 넘기도 합니다. 우리나라에서는 1년에 1회 이상 학교 실내에서 이산화탄소 농도를 측정해 안전 기준치 1,000ppm을 넘지 않도록 관리하고 있어요. 이산화탄소는 그 자체로 유해하기보다는 환기를 통해서만 제거할 수 있으므로 환기의 척도로 활용하는 지표가 됩니다.

20세기 후반부터 이산화탄소가 실내에서 생활하는 사람들의 몸에 직접 미치는 영향에 관한 연구가 진행되고 있어요. 그 결과 이산화탄소가 안전 기준치를 넘으면 졸음이 오거나 두통이 발생하고 집중력과 업무 성과가 떨어진다고 합니다.[8] 교실에서 끝없이 졸리거나 집중이 잘되지 않는다면 창문이 너무 오래 닫혀있던 것은 아닌지 살펴보세요.

---

8 「교실 내 공기 중 이산화탄소 농도가 학습에 미치는 효과에 관한 문헌 연구」, 임완철, 서울대학교, 환경교육 28(2), 2015.6. (p.134-145)

폼알데하이드(HCHO)와 휘발성유기화합물(VOCs), 라돈(Rn)

폼알데하이드는 각종 합판, 가구, 단열재, 담배 연기, 화장품, 의류, 접착제 등에서 발생합니다. 살충제나 살균제의 원료이기도 해요. 교실에서는 책상, 의자, 사물함 등에서 발생할 수 있어요. 벤젠, 톨루엔, 에틸벤젠, 자일렌, 스티렌은 대표적인 휘발성유기화합물로 건축 재료나 페인트, 접착제 등에서 발생합니다. 토양이나 암석 등 자연계 물질에 포함된 우라늄의 붕괴로 만들어지는 라돈 역시 건축자재에서 발생합니다. 학교 건물을 새로 지은 경우 관리가 필요하죠. 도시에 거주하는 사람이 늘고, 다양한 화학물질의 사용이 늘면서 아이들의 천식, 아토피가 늘었고, 새집증후군, 건물증후군, 복합화학물질과민증 등을 겪는 이들이 늘어 신축 공동주택은 따로 관리하게 되었어요. 이 중 복합화학물질과민증은 다중화학민감증이라고도 하며, 다양한 종류의 저농도 화학물질에 반복적으로 노출되며 여러 장기에서 증상이 나타나는 만성질환을 말합니다. 일상에서 흔하게 노출되는 화학물질에 의해 증상이 유발되는데, 새로 짓거나 수리한 건물에서 실내 공기 오염 물질에 노출되어 발생하는 경우가 가장 흔하다고 해요.[9] 우리나라에서는 신축 공동주택이 완성되면 폼알데하이드를 비롯한 실내 공기 오염 물질을 측정하고 그 결과를 공개하고 있습니

9 「다중화학민감증」, 채홍재 외 4명, 대한직업환경의학회지, 24(4), 2012.12.

다. 많은 사람이 함께 사는 공간이니만큼 관리를 꾸준히 하기 위한 장치인 것이죠.

총부유세균, 곰팡이

먼지나 수증기에 붙어 공기 중에 떠다니는 세균을 통틀어 '총부유세균'이라고 합니다. 인체에 무해한 일반 세균도 있고, 병을 일으키는 병원성 세균도 있어요. 공기 중에 떠다니는 세균을 구분해서 측정할 수는 없어서 총량으로 개념을 정했다고 해요. 실내에 떠다니는 세균은 가습기, 냉방장치, 냉장고, 동물의 비듬이나 털, 대화나 재채기, 음식물쓰레기, 카펫 등에서 발생합니다. 다른 실내 공기 오염 물질과 다르게 스스로 번식하는 생물이기 때문에 실내 공기 질 관리가 소홀하면 순식간에 증식해서 농도가 높아질 수 있어요. 습도가 70% 이상이고 온도가 20~35℃ 사이일 때 번식이 빠르고, 음식물 찌꺼기, 동물의 분뇨 같은 유기물질, 물이 고여 있는 곳에서 잘 번식합니다. 그래서 총부유세균의 농도는 함께 생활하는 사람들의 청결 상태, 행동 양상, 청소 상태, 환기 상태와 밀접하게 관련이 있습니다. 우리가 계속 깨끗하게 청소해야 하는 이유기도 하죠. 우리도 동물이니까 각질과 털을 포함한 각종 분비물이 떨어져 굴러다니고 미생물들이 살기 좋은 서식처가 되거든요.

지면과 가까이에 있는 집, 특히 지하에 있는 집일수록 실외 환경에 영향을 받아 부유 미생물의 농도가 높아질 수 있습니다. 누구나 결로현상이 생긴 집은 곰팡이가 번식하기 쉬워요. 물청소한 다음이나 장마 기간 등 습기가 높을 때는 구석구석을 살펴보는 게 좋겠죠?

일산화탄소(CO), 이산화질소(NO₂)

일산화탄소와 이산화질소는 흡연이나 취사, 난방 등으로 인한 연소로 발생하는 기체입니다. 헤모글로빈의 산소 운반 능력을 떨어뜨린다는 공통점이 있지요. 우리나라에서는 실내 흡연이 많이 줄었고, 연평균 오염도는 매년 기준치보다 매우 적은 양만 관측되고 있습니다. 학교라면 흡연할 수 없는 시설이고, 취사나 난방을 위해 연소하는 경우도 드문 편이지요. 학교보건법 시행규칙에 따르면 개별로 직접 연소하는 방식의 난방을 하는 교실이거나 도로변에 있는 교실의 경우 일산화탄소 10ppm, 이산화질소 0.05ppm 이하로 유지해야 합니다.

13

우리도 깨끗한 실내 공기를 누릴 권리가 있다

1년에 대기오염으로 사망한 사람이 몇 명이나 될까요? 세계보건기구(WHO)에서 대기 질 지침을 새롭게 바꿀 때, 대기오염으로 인한 조기 사망자는 연간 최대 600만 명, 이 중 실내 공기 오염으로 인한 조기 사망자는 연간 최대 280만 명이 넘는다고 추산했습니다. 그와 더불어 실내 오염 물질이 실외 오염 물질보다 폐에 전달될 확률이 약 1,000배 높다고 추정했고, 지구 전체 건물의 약 30%가 실외보다 실내 공기가 좋지 않아 그곳에서 생활하는 사람들의 건강위험이 5배나 높다고 발표했죠. 실내외 공기에 관한 연구 자료가 쌓이면서 대기오염으로 인한 연간 사망자 수가 계속 증가하고 있다는 사실을 알게 되었고, 이는 대기 질 지침을 마련하고 각국의 정책에 반영하길 권하는 근거가 되었어요. 미국환경청(EPA)에서도 사람들이 실내 공기

오염이 심각하고 인체에 위험하다는 사실에 무관심한 상황을 경고했고 가장 시급하게 처리해야 할 환경 문제 중 하나라고 발표했습니다. 2020년에는 세계보건기구에서 실외 공기 오염으로 사망한 사람이 350만 명, 실내 공기 오염으로 인한 사망자가 320만 명일 것으로 추산했어요.[10] 전체 사망자 수도 늘었지만, 실내 공기 오염으로 인한 사망자 수가 실외 공기 오염으로 인한 사망자 수에 가까워지자, 과학자들이 실내 공기 질에 대해서도 국제 표준지침이 필요하다고 주장하기에 이르렀어요.

국민 영양통계에 따르면 2020년 우리나라 국민이 하루 동안 먹는 식품량은 평균 1.3~1.6kg이라고 합니다. 하루 물 섭취 권장량은 약 2kg이죠. 그렇다면 하루에 마시는 공기량은 얼마나 될까요? 하루 평균 10~14kg 정도라고 해요. 그러니 먹는 것만큼, 어쩌면 그보다 더 신경을 써야 하는 게 바로 공기입니다. 공기는 음식과 달리 눈에 보이지 않고, 맛과 향이 없어 그 많은 양을 마시고 있다는 사실을 알기도 쉽지 않죠. 그래서인지 먹는 것만큼 사람들의 관심을 받기 어려운 게 사실입니다. 2005년 5월, 세계보건기구는 실내 공기를 단순한 '매체 관리' 차원에서 벗어나 UN 헌장에서 명시하고 있는 '인간의 기본권' 차원에서 다룰 것을 요구하며, '건강한 실내 공기에 대한

---

10 "미세먼지 최악이어도 실내는 안전?…'실내 공기오염 간과'", 동아사이언스, 2023.02.13.

권리(The Right to Healthy Indoor Air)'라는 선언문을 채택했습니다. 선언문에 명시된 모든 권리는 어떤 기본권에서 시작되었는지 기술되어 있어요. 이를 토대로 가정, 사무실, 정부 차원의 의사결정과 정책 수립은 물론, 지속가능성에 대한 개인의 행동을 장려하는 것을 돕고, 나아가 지속 가능한 실내 공기 질을 보장하는 데 도움이 될 것이라는 설명이 함께 소개되어 있었습니다.

우리는 기본권인 '건강한 공기를 마실 권리'를 위해 실내 공기를 관리해야 합니다. 실내 공기 오염의 원인은 다양하지만, 미리 대처하면 어느 정도 예방할 수 있으므로 관리 방법을 알고 행하는 것이 중요합니다. 학교에서 환기를 왜 하는지, 청소를 왜 하는지 궁금해하는 친구들이 많은데요. 다음 내용을 잘 읽어보면 그 이유를 알 수 있을 거예요.

건강한 실내 공기에 대한 권리

1. 건강권의 원칙에 따라, 모든 사람은 건강한 실내 공기를 마실 권리가 있습니다.

2. 자율성(자기 결정권) 존중의 원칙에 따라 모든 사람은 잠재적으로 위험한 노출에 대한 적절한 정보를 제공받고, 실내 노출의 적어도 일부를 제어할 수 있는 효과적인 수단을 제공받을 권리가 있습니다.

3. 무해성(해를 끼치지 않음)의 원칙에 따라, 실내에 있는 사람에게 불필요한 건강위험을 초래할 수 있는 농도로 오염 물질이 실내 공기에 유입하면 안 됩니다.

4. 선행의 원칙에 따라, 건물과 관련된 모든 개인과 단체 및 조직은 개인, 공공, 정부에 관계없이 실내에 있는 사람이 수용할 수 있는 공기 질을 유지하거나 관리할 책임이 있습니다.

5. 사회정의 원칙에 따라, 건강한 실내 공기에 접근할 수 있

는 권리는 실내에 있는 사람의 사회경제적 지위와 관련이 없어야 하지만, 건강 상태에 따라 일부 특별한 요구 사항을 결정할 수 있습니다.

6. 책임의 원칙에 따라 모든 관련 조직은 건물의 실내 공기 질과 그에 따른 건강과 환경 영향을 평가할 수 있는 분명한 기준을 마련하고, 평가해야 합니다.

7. 예방 원칙에 따라 해로운 실내 공기에 노출될 위험이 있는 경우 불확실성을 이유로 노출을 방지하기 위한 비용 효율적인 조치를 연기하는 이유로 사용되어서는 안 됩니다.

8. 오염자 부담 원칙에 따라, 오염자는 건강에 해로운 실내 공기 노출로 인한 건강 또는 복지에 대한 피해에 대해 책임집니다. 또한, 오염자는 실내 공기 질 완화 및 개선에 대한 책임이 있습니다.

9. 지속가능성 원칙에 따라 건강과 환경 문제는 분리될 수 없으며, 건강한 실내 공기 제공은 전 지구적 또는 지역적 생태 보전 또는 미래세대의 권리를 훼손해서는 안 됩니다.

14

창문을 열어 실내 공기 질을 높여요

'서울의 창을 열자'. 코로나19 전파를 예방하기 위해 서울시에서 펼친 환기 캠페인입니다. 코로나19 감염 사례를 되짚어보니 환기가 부족한 실내에서 감염된 수가 적지 않았기 때문이었죠. 실내 공기를 연구하는 이들이 입을 모아 함께 말하는 가장 중요한 방법이 바로 환기, 공기를 갈아줄 수 있게 통풍하는 것입니다. 오염 물질이 쌓인 실내 공기를 내보내고 그보다 깨끗한 공기를 실내에 공급해 오염 물질을 없애거나 희석하는 과정을 말해요. 충분히 환기하지 않으면 오염 물질의 농도는 계속 높아지고, 그로 인해 인체에 미치는 영향도 함께 커지게 됩니다. 환기 즉, 공기 이동을 만드는 힘은 실내외 온도나 압력 차이에 의해 자연적으로 생길 수도 있지만, 기계의 동력을 이용할 수도 있습니다. 주변 건물이 많고 창이 작거나 없어 자연

환기가 어려운 경우에는 기계의 힘으로 공기를 움직이는 환기설비를 따로 설치해야 환기를 할 수 있습니다.

환기로 오염 물질을 얼마나 줄일 수 있을까요? 실내 공기 전문가는 환기횟수 변화에 따라 오염 물질 농도가 얼마나 변하는지를 시뮬레이션해 봤어요.[11] 자연의 힘으로 환기하는 경우 실내외 온도 차이와 바깥 풍속에 따라 환기량이 달라져요. 풍속이 빠르지 않은 여름철 조건에서 10분 정도 자연 환기하면 3회 정도 환기되어 오염 물질의 약 40% 정도가 제거됩니다. 온도 차이가 커지고 풍속이 빨라지면 환기량이 늘고, 시간당 환기횟수 18회, 환기 시간 30분이면 실내 오염 물질을 완전히 제거하는 것으로 확인되었어요. 우리나라 대부분 공동주택에는 시간당 0.5회 환기를 확보하는 환기설비가 설치되어 있다고 하니, 집이나 학교에 환기설비가 있다면 어느 정도 환기가 되는지 확인해 보면 좋겠습니다.

환기의 효과를 알았으니 환기 방법을 알아볼까요? 가장 쉬운 환기 방법은 창문을 여는 것입니다. 창문이 양쪽으로 설치되어있다면 양쪽을 모두 여는 것이 바람직해요. 하루에 적어도 2~3회 이상 해주면 좋고, 봄부터 가을까지는 춥지 않을 정도로 창문을 5~20cm 정도는 항상 열어두는 게 좋다고 합니다. 겨울에는 에너지 소비가

---

11 "실내 공기 전문가가 알려주는 올바른 환기법", 내 손안의 서울, 2021.05.17.

커지므로 2~3시간 간격으로 1~2분 정도 열었다 닫으면 됩니다. 에어컨을 많이 사용한다면 여름에 창문을 열었을 때 에너지 소비가 커진다고 생각할 수도 있는데요. 여름에 최적의 실내 온도는 24~28°C로 생각보다 높아요. 에너지 소비를 고민한다면 에어컨 사용을 줄이는 게 답입니다. 환기까지 고려한다면 선풍기로 충분할 때도 많고요.

구분	여름	봄, 가을	겨울
최적 온도	24~28°C	19~23°C	18~20°C
최적 습도	60%	50%	40%

우리나라 계절별 최적의 실내 온도와 습도

사람도 동물이므로 적절한 온도와 습도를 유지하는 게 좋습니다. 실내에서 생활하는 시간이 길지만, 외출했을 때 실내외 온도 차이가 작을수록 항상성 유지에 좋고요. 습도는 세균이 좋아하는 습도인 70%보다 낮게 유지해야 합니다. 온도와 습도를 확인할 수 있는 간이 측정기는 손쉽게 구할 수 있으니, 환기하면서 내가 지내는 환경의 적절한 온도와 습도를 확인해 보세요.

미세먼지가 많을 때도 환기해야 할까요? '매우 나쁨'이 아니라면 1~2분 정도로 짧게라도 창을 열어 자연 환기를 해야 합니다. 실내 공기 오염 물질에는 미세먼지 외에도 폼알데하이드, 휘발성유기화합물, 라돈, 부유 미생물 등 종류가 다양해요. 실외 미세먼지를 걱정해서 환기하지 않으면 각종 오염 물질이 쌓여 실내 공기 질이 나빠집니다. 자연 환기로 실내 공기 오염 물질은 내보내고, 밖에서 들어온 미세먼지는 창문을 닫고 물걸레로 닦아서 없애주는 게 좋아요.

15

우리가 청소를 해야 하는 이유

가장 중요하게 다루어지는 실내 공기 오염 물질은 미세먼지입니다. 미세먼지 배출원에서 가장 높은 비율을 차지했던 비산먼지를 떠올려보세요. 미세먼지가 만들어지고 바닥에 가라앉고 나면 바닥 위를 지날 때마다 먼지가 다시 날리게 되죠. 바닥에 가라앉은 먼지를 날리지 않고 제거하는 데는 물걸레(또는 밀대)를 사용하는 게 좋을까요, 아니면 진공청소기가 좋을까요?

환경부와 한국실내환경학회는 '실내 공기 제대로 알기' 대국민 포럼에서 실내 청소 실험[12] 결과를 발표했습니다. 약 9주 동안 밀대와

---

12 "밀대청소기vs진공청소기…미세먼지 농도변화 살펴보니", 대한민국 정책브리핑, 2018.10.19.

진공청소기로 청소한 이후 청소도구에 따른 높이별 미세먼지 농도 변화를 확인했다고 해요. 먼저 연구팀은 예비 실험으로 다가구 주택 안에서 높이별 미세먼지 농도변화를 비교했습니다. 바닥으로부터 12cm, 86cm, 163cm, 224cm 높이 중에서 바닥으로부터 12cm에서 미세먼지 농도가 가장 높게 나타났고, 그보다 높이가 높아질수록 미세먼지 농도가 낮아지는 경향을 발견했어요. 이 결과를 토대로 청소했을 때와 하지 않았을 때, 밀대로 청소했을 때와 진공청소기로 청소했을 때 바닥으로부터 12cm에서 측정된 미세먼지의 농도를 비교했습니다. 실험 결과, 청소했을 때 실내 미세먼지 농도가 청소하지 않았을 때보다 크게 낮았고, 밀대가 진공청소기보다 청소 효과가 뚜렷이 나타났어요.

세계보건기구에서도 가정에서 청소할 때 물걸레로 청소하는 게 더 좋을 수 있다고 언급했죠. 진공청소기의 원리를 생각하면 그 이유를 쉽게 알 수 있어요. 진공청소기는 먼지를 빨아들이기 위해 모터를 돌려 청소기 뒷부분으로 공기를 빼내어 청소기 내부 압력을 낮추고, 호스 끝에서 공기를 빨아들입니다. 청소기 뒷부분에서 공기가 나올 때는 주변 바닥에 가라앉은 먼지를 다시 날리기 때문에 다시 미세먼지 농도가 높아질 수 있어요. 반면 밀대는 먼지를 다시 날릴 가능성이 작지요. 게다가 청소기는 필터를 통과한 공기가 밖으로 배출되는 것이라 필터의 상태에 따라 오히려 먼지를 더 일으킬 가능성도 있습니다. 청소를 위해 다시 청소기 내부를 청소해야 하죠.

청소 실험 결과에 따르면 청소를 했을 때 실내 미세먼지 농도 감소 효과가 선명했다고 합니다. 그리고 실외에는 10μm보다 큰 입자가, 실내에는 미세먼지와 초미세먼지가 더 많았다고 해요. 초미세먼지 중 기체가 반응해서 만들어진 2차 생성 미세먼지는 실외에서 유입된 일부였고, 대부분은 실내 활동으로 만들어진 것으로 추정했어요. 다시 떠오는 먼지가 가라앉기까지 약 1시간 정도 걸린다는 사실도 새롭게 발견했다고 합니다.

인터넷에 청소기를 사용한 뒤에 분무기로 공중에 물을 뿌리고 먼지를 가라앉힌 뒤 물걸레로 닦아야 미세먼지를 깨끗이 제거할 수 있다는 청소 방법이 소개되어 있었는데요. 이슬비로도 씻기지 않는 먼지가 분무기로 가라앉긴 어려워 보입니다. 청소할 때면 청소기 대신 물걸레를 쓰는 건 어떨까요? 실제 효과도 더 좋다고 하니까요. 무엇보다 기후위기 시대에 에너지 절약을 위해 전기 에너지 대신 우리 몸속 화학에너지(음식물이 소화되어 우리에게 주는 에너지)를 이용하길 권해봅니다.

환기로 제거되지 않는 실내 공기 오염 물질은 청소해야만 제거할 수 있습니다. 그래서 학교 선생님들이 청소를 열심히 지도하시는 거예요. 바닥과 벽은 물론이고, 책상, 옷장 등 가구도 정기적으로 청소해야 해요. 교실 책상과 의자, 사물함도 마찬가지고요. 습도가 높으면 미생물 번식에도 유리하지만, 유기화합물이 다른 유기물과 화학 작용을 일으키기에도 유리합니다. 또한, 다시 날아오른 먼지가 엉겨 계속 떠다닐 수 있게 도와주기도 해요. 그래서 물청소를 한 후에는 반드시 마른걸레로 물기를 없애줘야 합니다. 가장 중요한 건 정기적으로 꾸준히 청소해야 한다는 거예요. 지구를 살리려면 나부터 살려야 하니까요.

16

대기는 우리 삶을 반영한다

    어느 날부터 교실에 공기청정기가 설치되기 시작했어요. 에어컨은 이미 설치되어 있었고요. 모든 교실에 공기청정기가 갖춰지자 친구들은 더는 창문을 열지 않았어요. 밖은 미세먼지 수치가 나쁨이라고 했거든요. 공기청정기가 초록 불이든 파랑 불이든 공기청정기는 1교시부터 7교시까지 쉬지 않고 일했어요. 가끔은 전원을 끄지 않아 24시간, 48시간 일하기도 했죠. 그런데 방학 때 또 공사를 했어요. 교실 한 켠에 서 있던 에어컨이 천장형으로 바뀌고 창문 위로는 후드 같은 게 매달렸어요. '웅~' 하고 낮게 깔리는 모터 소리가 온종일 들리지만, 에어컨과 공기청정기 소리에 묻혀서 크게 거슬리지 않아요. 교실 앞쪽에 작은 모니터는 이산화탄소 농도를 숫자로 보여줘요. 수업 시간에 잠들었던 친구들도 활발해지는 쉬는 시간이면 화면에 뜨는 이산화탄소 농도가 가뿐히 1,000ppm이 넘어가요. 어떨 때는 2,000ppm도 넘고요. 하지만 쉬지 않고 돌아가는 모터 소리가 금방 이산화탄소 농도를 낮춰줄 거란 안정감을 줘요. 교실에는 공기청정기도 있고요. 그런데 교실에 기기가 늘어날수록 수업 시간에 점점 더 졸린 것 같아요. 아마도 기분 탓이겠죠? 공부 잘하는 애들은 그래도 열심히 하고 있으니 내 집중력 문제인가 봐요.

과연 그럴까요? 공기청정기에, 에어컨에, 공기 환기설비까지 교실에서 공기 질 개선을 위해서만 기기 3종이 동시에 작동하고 있습니다. 우리에게는 건강한 실내 공기를 마실 권리가 있고, 이와 동시에 공기 질을 어떻게 관리할지 선택권이 있지요. 공기청정기부터 하나씩 살펴보고 어떻게 관리할지 정해보세요.

우리나라 미세먼지와 초미세먼지 연평균 농도는 분명 점점 감소하고 있지만, 2016년 이후로 고농도 미세먼지 발생일 수는 늘고 있습니다. 특히 2019년 3월에는 일주일이나 초미세먼지 주의보가 지속하였고, 2019년 5월까지 고농도 미세먼지 발생일이 23일이나 되었죠. 시민들은 연평균 농도가 높은 것보다 일시적이어도 고농도 미세먼지 발생이 훨씬 크게 와닿기 마련입니다. 시민들의 불안이 높아졌고, 강력한 대책을 요구하는 목소리도 커졌습니다. 특히 성장기 학생들을 미세먼지로부터 보호해야 한다는 지적이 제기되어 정부에서는 모든 학교에 공기 정화 설비와 미세먼지 측정기를 설치하도록 법령을 새로 추가했습니다.

이를 계기로 학교마다 공기 질 개선을 위해 세금을 쏟아부었고 교실마다 공기청정기가 들어오게 되었습니다. 공기청정기는 공기 중 입자상물질, 즉 미세먼지를 제거하기 위해 만들어진 장치입니다. 보통은 미세먼지가 10~30% 정도 줄어드는 효과가 있다고 알려져 있어요. 용량이 여유 있는 기기에 새 필터를 끼고 풍량을 최대로 가동하여 성능 인증을 받는 실험실 환경에서는 실내 미세먼지를 약 80~93% 감소시킬 수 있다는 결과를 얻어요. 다양한 실내 공기 오염 물질 중 미세먼지 또는 일부 세균을 걸러낸다는 기능을 생각해 봤을 때 공기청정기는 엄밀히 말해 '집진장치'예요. 이름 자체로 과대광고일 수도 있겠네요. 공기청정기는 제품 종류나 사용 모드에 따라 오존이 발생할 수 있습니다. 또 제대로 관리되지 않은 필터에는 세균이나 곰팡이가 자생할 수 있으므로 주기적인 청소와 관리도 필요합니다. 필터 교체와 주기적인 청소에도 비용이 들기 때문에 많은 학교에서 공기청정기를 대여해서 사용합니다.

교육부에서는 학교 실내 공기 질 개선을 위해 공기 순환기 설치를 우선하고, 부족한 경우 공기청정기를 보조적으로 설치하도록 지침을 마련했지만, 실제 2019년 학교 공기 정화 예산 집행금의 99%가 공기청정기에만 투입되었어요. 2020년 기준으로 전국 유치원, 초등학교, 중학교에 공기정화장치 설치를 완료했습니다. 여전히 대부분은 공기

청정기였고, 환기 용량이 적절하지 않은 경우도 많았어요. 코로나19 발생 이후 '실내 공기 순환방식의 공기정화장치 설비 가동 금지' 지침에 따라 교실에 설치한 공기청정기를 전혀 사용하지 못하게 된 기간도 있었어요. 학교에서 공기청정기를 구매하지 않고 대여한 경우, 써보지도 못하고 세금으로 비용을 지급해 비난받기도 했습니다. 대부분 학교에서 빨리 설치할 수 있는 공기청정기로 공기 질을 관리하면서 장기적으로 공기 순환기나 환기설비를 설치하려는 계획이었어요. 환기설비는 천장을 해체하고 덕트를 설치해야 하는 등 선행 작업이 필요해 공사 기간이 꽤 필요합니다. 학교에서 규모가 큰 공사를 진행하려면 방학을 활용해야 하는데, 석면 제거나 내진 보강이 안되어 있으면 우선순위에서 밀리게 되죠. 공기 순환기나 환기설비를 설치할 때 에너지 측면이 고려되지 않으면 실외 공기가 유입되어 열손실이 발생할 수 있어 냉난방비가 늘어나기도 하니 학교에서 단기간에 설치하기는 쉽지 않습니다.

최근에는 공기 청정 기능이 포함된 에어컨이 많습니다. 에어컨이나 공기청정기의 공기 청정 기능은 크게 차이 나지 않는다고 해요. 하지만 에어컨은 전기를 먹는 하마라 불릴 정도로 전기 에너지를 많이 사용합니다. 아직 화력발전소 의존율이 높은 상황에서 전기 소비량이 늘어나는 건 곧 화력발전소를 더 돌리는 것과 같아요. 온실가스도 늘지만, 화석연료를 태우는 과정에서 미세먼지를 포함한 대기

오염 물질이 대량 발생하게 됩니다.

에어컨의 더 큰 문제는 냉매제입니다. 에어컨은 액체가 기체로 기화할 때 열을 흡수하는 기화열을 이용해 온도를 낮추는 장치입니다. 냉매제가 압축기, 응축기, 팽창밸브, 증발기를 거치며 기화열로 찬 공기를 만들어주고, 액화열로 더운 공기를 만드는 과정을 반복하죠. 냉매제는 에어컨 안을 돌면서 계속 상태를 변화시킬 수 있을 정도로 안정적이어야 하고, 냉각 효율이 높아야 좋을 거예요. 오늘날에는 냉매제로 주로 수소불화탄소(HFC)를 사용하고 있어요. 문제는 이 물질이 온실기체, 그것도 온실효과를 일으키는 6대 온실기체 중 하나라는 사실입니다. 그리고 이산화탄소보다 지구온난화에 미치는 영향이 수백에서 수천 배 커요. 전 세계적으로 에어컨 소비가 늘고 그만큼 냉매제인 수소불화탄소의 소비도 늘어 최근 가장 빨리 증가하고 있는 온실기체라고 해요. 이에 국제사회에서 위기감을 느꼈고, 2016년 10월 르완다 키갈리에서 개최된 제28차 유엔기후변화 당사국총회에서 수소불화탄소 감축 계획을 반영한 '제5차 키갈리 개정서'가 채택되었어요. 우리나라도 2023년 4월부터 규제를 시작해 2045년에는 80%까지 감축할 계획이라고 합니다.

이제 열역학 제1법칙의 도움을 받아볼게요. 열역학 제1법칙은 '에너지 보존 법칙'입니다. 에너지는 스스로 생성되거나 소멸하지 않고, 들어온 만큼 나간다는 법칙이에요. 조금 멋지게 표현하면 '고립계의 에너지 총합은 일정하다'라는 겁니다. 우리가 더운 여름 쾌적한 실내를 위해 에어컨을 사용하면 실내에서 차가운 공기가 나오는 만큼, 실외기에서 더운 바람이 나오죠. 안이 시원해지는 만큼 밖은 더 더위집니다. 전기 에너지를 사용한 만큼 발전소에서 에너지가 왔을 겁니다. 그리고 발전소에 원료로 쓰이는 물질이 가진 에너지가 그만큼 사라졌을 거고요. 냉매제가 대기로 배출되어 온실효과를 일으키면 지구 전체가 더 더워집니다. 그럼 다시 에어컨 사용량이 늘고, 이 모든 과정이 반복되지요.

사실 우리에게는 선택지가 더 있습니다. 오래전부터 사용했던 선풍기, 그보다 오래된 부채, 그리고 바람, 얇은 옷과 느긋한 마음입니다. 우리가 모르는 방법도 아닙니다. 현재의 내가 불편할 것인지 미래의 내가 괴로울 것인지를 두고 현재의 내가 미래의 나를 생각하지 못하는 거죠.

내가 마실 공기는 나와 우리, 현재를 함께 살아가고 있는 지구생활자 모두가 어떻게 지내는지가 그대로 반영됩니다. 그리고 물보다 순환이 빨라서 금방 다른 지역의 사람들과 공유하게 되고요. 인류가 처음 대기로 인해 직접 피해를 봤던 시기는 19세기에 런던스모그 때도 아니고, 2,000년 전 대대적으로 납 오염을 일으켰던 고대 로마도 아니고, 현생인류가 동굴에서 불을 피우고 살았던 약 70만 전부터입니다.[13] 동굴 유적지에서는 규칙적으로 쌓인 두꺼운 검댕 층이 발견되고, 동굴에는 출입구 외에 창문이나 굴뚝이 따로 없어요. 동굴 속 검댕은 그 안에 살던 현생인류가 고스란히 들이켜 폐에도 쌓였을 겁니다. 그 뒤로 인류는 대기에 오염 물질을 차곡차곡 쌓아왔어요. 깨끗하게 하려는 노력이 없던 건 아니었지만, 더럽히는 속도가 훨씬 빨라 계속 안 좋아지고 있는 거죠.

끝으로 하나 더 생각해볼 것은 온실기체 배출량과 마찬가지로 대기오염 물질 배출량도 일부 지역에 몰려있다는 사실이에요. 고도로 발전한 사회일수록 더 많은 에너지를 사용하고, 더 많은 오염 물질을 배출하고 있죠. 그리고 지구의 대기는 지구에서 살아가는 모든 생명체가 공유하고 있고요. 지구온난화로 폭염이 늘고 있고, 폭염 때 전력 수요가 늘면 그만큼 화력발전소의 발전량이 늘면서 대기오염 물질 배출량이 많이 증가한다는 연구 결과도 있어요. 폭염 때 전력 수요를 늘리고 있는 건 부채를 쓰는 사람이 아니라 선풍기를 쓰는 사람, 그리고 공기청정기와 에어컨을 쓰는 사람입니다. 내가 마시는 공기는 내 주변만이 아닌 지구 전체를 돌고 있다는 걸 기억하고, 건강한 공기를 마실 권리를 잘 누리기를 바랍니다. 나의 권리를 지키기 위해서는 나의 삶과 행동도 잘 선택해야 해요.

---

13 『오늘도 미세먼지 나쁨』, 김동환, 휴머니스트, 2020. (p.31-33)

4

물을 품은 지구

1

지구의 물은 어디서 왔을까?

지구의 유년 시절은 거침없는 충돌의 시기였어요. 무수한 미행성체들이 지구의 중력에 끌려와 마구 부딪혔지요. 이런저런 우주의 물질들이 합쳐지면서 지구는 덩치가 커졌습니다. 그중 휘발성이 좋은 물질들이 기체로 증발하면서 지구 표면에 쌓여 '원시 대기'를 이뤘지요. 대기는 어린 지구의 담요 역할을 톡톡히 했는데요. 온실 효과로 충돌 열을 꽉 붙잡아 우주로 빠져나가지 못하게 했지요. 그로 인해 지구는 철철 들끓는 상태가 되었어요. 그 시절의 지구는 녹아내린 지표면이 바다처럼 흘러 '마그마의 바다'라고 불리게 됩니다. 더불어 어린 지구로부터 뜨겁고 걸쭉한 일부가 떨어져 나가면서 평생의 둘도 없는 친구, '달'이 되었지요.

지구는 외부의 천체들이 잡아당기는 힘과 내부에 축적된 에너지로 꿈틀거리면서 되직한 소똥처럼 거대한 마그마를 꾸역꾸역 배설했습니다. 거침없이 토해내는 화산활동으로 우리에게 익숙한 수증기와 이산화탄소, 그리고 질소뿐만 아니라 메테인과 암모니아와 같은 지독한 가스로 원시 대기가 꽉꽉 채워졌습니다.

지구 깊숙이에서는 또 다른 격동이 일어났습니다. 지구 중심으로 무거운 물질이 가라앉으면서 과일의 씨와 같은 '핵'을 이루었고, 비교적 가벼운 물질이 핵을 두툼하게 둘러싸면서 '맨틀'을 이루었어요. 그렇게 지구는 물질의 경계를 만들어 가며 안정적인 층상 구조[1]가 되었지요.

지구는 현재 크기의 80% 정도로 성장했을 무렵, 서서히 식어가기 시작했어요. 지구 표면이 물의 끓는점 이하로 식으면서 주변을 끌어당기고 이어 붙어 굳어졌고, 지구의 겉에는 단단한 '지각'이 만들어졌죠. 수증기를 잔뜩 품고 있던 원시 대기는 어마어마한 비를, 그것도 아주 뜨거운 비를 오랫동안 쏟아냈어요. 이 비는 염소 성분의 화산가스를 머금기도 하고, 광물 속의 나트륨, 마그네슘 등을 녹여내면서 짭짤하면서도 쌉쌀한 바닷물을 만들어냈습니다. 그런데 이것은

---

1 구성하는 암석, 화석 따위에 의해 지층이 구분되는 양상.

그럴듯한 가설일 뿐이에요.[2] 지구가 만들어졌을 당시 이미 내부에 물을 품고 있는 촉촉한 지구였는지, 아니면 너무 뜨거워서 물이라고는 찾아볼 수 없는 건조한 지구였는지에 관해서는 아직도 과학자들의 의견이 분분합니다.

물(H_2O)은 2개의 수소 원자와 1개의 산소 원자로 이루어져 있죠. 여기서 수소는 원자핵 안에 양성자가 1개이며 중성자는 없는, 우리가 알고 있는 '수소'와 양성자와 중성자 모두 1개씩 있는 '중수소', 양성자는 1개, 중성자는 2개인 '삼중수소'가 있습니다. 이들 원소를 '동위원소'라고 해요. 수소라는 것은 변함이 없지만, 중성자의 개수가 달라 질량이 다른 원소죠. 생김새는 비슷하지만 몸무게는 다른 세쌍둥이로 설명할 수 있겠네요. 수소 동위원소들은 빅뱅이라는 초기 탄생 과정에서 만들어졌어요. 그런데 이 중에서 안정적으로 물을 만드는 것은 수소와 중수소예요. 그래서 과학자들은 물의 기원을 찾을 때 물 분자 안의 이 두 가지 수소 동위원소가 제각각 차지하는 비율을 분석해 봅니다. 수소에 대한 중수소 비율(Deuterium-to-hydrogen, D/H)을 지구의 물과 비교해 보면 지구와 같은 기원의 물인지를 추정할 수 있어요.

---

2 물이 지구 내부에서 자체적으로 발생했다는 '지구 내부 기원설'로 1984년 처음 제기되었다. 1986년에는 물이 외계 우주에서 유입되었다는 '우주 유입설'도 제기되었다.

지구의 물은 어떻게 생성되었을까요? 1986년 미국 아이오와주립대의 루이스 프랭크(Louis Frank) 교수는 물의 기원을 추적하는 데 '혜성'에 주목했습니다. 더러운 얼음덩어리인 혜성이 건조한 지구에 물 폭탄처럼 충돌하면서 지구의 바다를 만들었다는 주장이죠. 그러나 지금까지 연구된 바로는 태양계의 가장자리에 자리 잡고 있는 오르트 구름 속 혜성들의 수소에 대한 중수소의 비율이 대체로 지구의 물보다 2~3배가량 높은 것으로 나왔어요. 꽤 큰 차이죠. 그런데 지구의 물과 꽤 비슷한 값을 보이는 혜성(103P/하틀리2)도 있어요. 이렇듯 혜성마다 그 값이 다양하니 지구의 물에 혜성이 아무 역할도 하지 않았다고 딱 잘라 말할 수도 없지요. 지금은 지구 물의 약 10%만이 혜성에서 나온 것으로 추정되고 있습니다.

현재 물의 기원을 추정하는 지구과학계의 주류 이론은 '소행성'에 주목하고 있습니다. 태양계 외곽에 위치하는 혜성과 달리, 소행성은 화성과 목성 사이 소행성대에 위치해요. 지리적으로 가까우니 지구와 충돌 확률도 높은 편이죠.

원시 행성들이 만들어진 태양계 초기로 잠시 떠나볼까요? 지구로부터 조금 멀리 떨어진 곳에 목성도 열심히 성장하고 있었습니다. 그 주변은 항상 소란스러웠어요. 별이 되지 못해 서러웠는지, '자이언트베이비 목성'은 심상치 않은 움직임을 보였습니다. 현재의 화성 궤도까지 거칠게 돌진했다가 후퇴하는 종횡무진의 걸음마로, 소행성들이 어마어마한 타격을 받았습니다. 이 과정에서 풍부한 물을 가진 얼음 바위들이 지구가 있는 곳까지 오는 우연이 일어났고, 그렇게 고향에서 쫓겨난 소행성이 어린 지구에 '물'이라는 뜻밖의 선물을 가져다주었다는 것입니다. 이 가설은 맞바람을 거슬러 올라가는 항해법의 이름을 따 '그랜드 택(grand tack) 가설'이라고 해요.

본래 물을 가진 물질들이 뭉쳐져 지구가 만들어졌다는 주장도 있어요. 2001년 미국의 지질학자 스티븐 모지스(Stephen Mojzsis)는 약 44억 년 전 생성된 광물 '지르콘(Zircon)'을 발견했어요. 이 광물은 마그마가 물에 의해 급격히 식은 환경에서 만들어진 거예요. 즉, 이 지르콘이 당시 지구가 이미 물을 품고 있는 촉촉한 상태였다는 증거라는 것이죠.

또 다른 증거도 있습니다. 2020년 8월 〈사이언스〉에 실린 연구에 따르면 태곳적 태양과 가까운 행성을 이룬 '운석(E-콘드라이트)'을 분석해 보니, 지구 바다의 3배에 달하는 물을 공급해 줄 만큼 충분한 수소를 가지고 있었어요. 그동안 과학자들은 태양 가까이에서 만들어진 운석은 당연히 건조할 거라 믿었습니다. 이 결과는 그들의 편견을 깬 결과였어요. 더군다나 이 운석의 D/H 비율이 지구 맨틀에 포함된 물과 95%나 일치했습니다. 이것은 원시 지구로 떨어진 운석 물질에 이미 물이 포함되어 있었다는 거죠. 그런 뒤 얼음을 포함한 혜성과 소행성이 들어와 지구의 초기 바다와 대기에 추가로 물이 공급

됐다는 설입니다.

한편 '태양'이 지구의 물을 생성하는데 일부 영향을 주었다는 연구 결과도 있어요. 2021년 11월에는 영국 커틴대학교 우주과학기술센터(SSTC) 연구팀을 포함한 국제연구팀이 우주 티끌과 성분이 같은 규산염 광물 표면에 태양풍과 같은 수소이온을 쪼였더니 물 분자가 생기는 것을 확인했지요. 이것은 태양과 같은 별과 지구와 같은 암석으로 이루어진 행성을 가진 시스템이라면 물이 잘 만들어질 수 있다는 가능성을 선사합니다.

지구가 품고 있는 물의 기원을 둘러싼 논쟁은 계속 이어지고 있어요. 물의 기원을 규명할 수는 없지만, 지구에 붙잡힌 물방울들이 지구의 낮은 곳으로 모여 약 40억 년 전쯤, 지금과 비슷한 모습의 바다가 되었습니다. 물론 지구라는 행성의 고된 성장 과정을 직접 목격한 이는 아무도 없지만요. 딱딱한 암석 지표와 온도, 대기 조건이 절묘하게 맞아떨어진 덕에 지구는 푸른 바다를 품을 수 있었고, 그 안에서 생명이 그리고 우리가 탄생하게 되었습니다.

2

모든 생명의 근원, 물

"물은 대지의 어머니인 아키(Aki)의 피로 생명을 부여하며 그 생명이 영원히 순환하도록 책임을 지는 신성한 원천이다."

아메리카 원주민 오지브와(Ojibwa)족의 시 한 구절입니다. 다양한 화학물질을 용해할 수 있는 '범우주적 용매(Universal Solvent)'인 물은 모든 생명의 근원입니다. 하지만 물만 있다고 생명체가 짠! 하고 만들어지지는 않아요. 지구에 생명체가 존재하게 된 것은 다양한 요소들이 조화를 이뤘기 때문이에요. 물이 없었더라면 이 또한 쓸모없는 별개의 요소가 되었을 테지만요.

바다는 여름에는 열을 흡수해서 대기의 온도가 너무 많이 올라가지 않게 하고, 겨울에는 너무 낮아지지 않도록 지구의 '자동 온도 조절장치' 역할을 해왔어요. 이는 물 분자 사이에 작용하는 '수소 결합' 때문에 가능했지요. 물 분자를 구성하는 산소 원자가 수소 원자보다 자유전자를 더 강하게 끌어당기면서, 산소 원자 주위는 부분적으로 (-)전하를 띠고, 수소 원자 주위는 부분적으로 (+)전하를 띠면서 수소 결합이 생겨요. 이러한 전기적인 인력은 물 분자 사이를 조금씩 더 가깝게 해서 지구 환경에서 물이 액체 상태로 잘 머물러 있게 했죠. 이러한 수소 결합이 끊어지고 이어지기를 반복하면서 물은 생명현상에 필수적인 다양한 이온들을 녹이는 훌륭한 용매가 되었고, 다른 액체보다 더 강한 응집력을 갖게 되었습니다.

분자 사이에 끌어당기는 힘이 강할수록 분자가 결합을 끊고 자유로워지는 데 더 많은 열에너지가 필요해요. 어떤 물체 1g의 온도를 1℃ 높이는 데 필요한 열량을 '비열'이라고 합니다. 양은 냄비와 뚝배기를 생각해 봐요. 양은 냄비(금속)의 비열은 약 0.21이고, 뚝배기(흙)의 비열은 약 0.25예요. 같은 열을 가할 때 양은 냄비는 금세 온도가 올라가지만, 뚝배기는 온도가 천천히 올라가요. 그런데 불을 끄면 양은 냄비는 금세 차갑게 식지만, 뚝배기는 천천히 온기를 잃습니다. 바다는 뚝배기 근성을 지니고 있어요. 비열이 커서 많은 열에너지를 품고 생명체에게 안정적인 환경을 제공하지요.

무수한 원소가 태초의 지구 바다에 녹아 들어가고, 누구도 알지 못하는 비범한 과정을 통해 유기물이 만들어졌습니다. 그리고 그 안에서 생명체가 탄생했지요. 생명체들은 빛 에너지와 바닷속의 풍부한 원소를 흡수하며 놀라운 화학반응을 일으켰고, 포식자로 이어지는 복잡 미묘한 진화로 뻗어갔습니다. 바다를 품은 우리의 몸은 어느 환경에 놓이든 일정한 체온을 유지하며 버틸 수 있었고, 그렇게 지구에 터를 잡고 안정적으로 살아갈 수 있었지요. 하지만 인류는 피와 땀, 그리고 눈물로 몸 안의 바다를 마구 쏟아내며 독보적으로 지구 환경을 변화시켰습니다.

그렇게 인류는 지구 역사에서 보기 드문, 다른 종과는 확연히 다른 행보를 선택했지요. '인지의 지평선'을 넓히며 번영했지만, 지구라는 행성을 욕심껏 차지해 의도했든 아니든 전체 생물 종의 40%를 멸종시켰습니다. 그리고 이제는 스스로를 멸종시킬지도 모를 단계에 이르렀지요. 우리는 그것을 똑똑히 알고 있지만, 종의 발전을 위한 끝없는 질주를 멈출 생각이 없어 보입니다. 인류는 자연의 품으로부터 역주행하면서 정교하게 짜인 지구 조절 시스템을 빠른 속도로 무너뜨리고 있습니다.

3

깊고 뜨거운 바닷속, 공생의 비밀

지구상의 모든 생명체가 태양빛에 의존하고 있는 것은 아닙니다. 빛이 하나도 닿지 않는 깊은 바닷속, 태양으로부터 독립적인 특별한 생태계가 존재하지요. '열수분출공'이라고 불리는 곳이에요. 약 300~400℃나 되는 뜨거운 물이 가스와 함께 마구 솟구쳐 나오는 해저 지형이죠. 1977년 미국 해군의 잠수정인 앨빈호(Alvin)가 남아메리카 갈라파고스 근처에서 해저 화산 지형의 지질 조사를 하다가 처음 발견했다고 해요. 현재까지 전 세계에 약 300개 정도의 열수분출공이 발견되었다고 합니다. 우리나라 아라온호가 세계 최초로 남극 해저에서 열수분출공을 찾아내기도 했어요.

열수분출공 아래에는 부글부글 끓고 있는 마그마가 존재합니다. 이곳은 지질학적으로 매우 활동적인 곳이에요. 해저 지각의 갈라진 틈새로 들어간 바닷물이 마그마의 열에 데워지면서 주변 물질을 녹여내 또 다른 틈새 사이로 솟구쳐나옵니다. 열수에 녹아 들어간 구리, 철, 아연과 같은 금속이온이 차가운 바닷물과 만나면서 고체 입자로 변해 주변에 쌓이면서 황철석이나 황화물로 이루어진 빌딩과 같은 굴뚝이 만들어집니다. 이 굴뚝으로 무섭게 뿜어져 나오는 열수가 마치 연기처럼 보여서, 주로 유황 성분을 내뿜는 '블랙 스모커'와 칼슘, 규소 등을 뿜어내는 '화이트 스모커'로 나뉘어 불리지요.

땅 위의 화산활동으로 만들어진 섬세하고 비옥한 흙이 생명체를 풍요롭게 하는 것처럼, 화산활동이 일어나고 있는 심해의 극한 환경에도 생명체들이 터를 잡고 살아가고 있습니다. 어둡고 뜨거우며 수압이 높아 인간은 맨몸으로 갈 수도 없는 수천 미터 깊이의 이곳에, 다 자라면 2m에 달하는 관벌레, 눈이 퇴화해 앞을 볼 수 없는 새우와 게, 조개, 고둥, 심해어 등 많은 바다 생물이 옹기종기 살아가고 있습니다. 심연에 자리 잡은 생명체들은 주로 표층에서 반짝이는 태양 빛에 기대어 살다가 죽어 '바다의 눈(해설, marine snow)'이 되어 내려오는 플랑크톤 사체로부터 영양분을 얻어요. 하지만 열수분출공 주변 생물들은 독립적으로 살아가는 '화학합성 생태계'를 이루고 있지요.

화학합성 생태계는 어떻게 생명을 유지하는 걸까요? 이것은 어떤 기막힌 연금술사 덕분입니다. 열수분출공에서 나오는 뜨거운 바닷

관벌레

물은 황화수소 농도가 매우 높아요. 이 화학물질을 합성해서 쓸모 있는 유기물로 탈바꿈시키는 '황세균(Sulphur Bacteria)'이 있습니다. 이 박테리아는 먹이 사슬의 기초 역할을 하면서 독특한 생태계를 지탱하고 있어요. 열수 생물들은 혼자 힘으로도 충분히 먹고 살 수 있는 표층 생물들과는 달리 황세균과 공생관계를 이루고 있습니다. 대표적인 열수 생물이 바로 관벌레(리프티아, Riftia)입니다. 적이 나타나면 새하얗고 기다란 관 속으로 몸을 숨기기 바쁜 이 장신의 겁쟁이는 입도 없고 소화기관도 없어서 한 끼도 제대로 먹지 못해요. 하지만 척박한 열수분출공 환경에서 압도적인 생존력을 보이죠. 그럴 수 있는 이유는 몸속 절반을 황세균에게 내어주었기 때문이에요. 관벌레가 수줍게 몸 밖으로 내미는 깃털 구조에는 황화수소와 결합할 수 있는 특수한 헤모글로빈이 있어 붉은색을 띤 채로 바닷물에 가볍게 흔들거립니다. 일종의 아가미로, 관벌레는 이 깃털 구조로 황화수소를 빨아들여 몸속의 황세균에게 주고, 황세균들은 화학합성으로 관벌레에게 에너지를 공급하는 끈끈한 공생관계를 이루고 있지요.

1859년 찰스 다윈(Charles Darwin)은 저서『종의 기원』에서 "모든 생명체의 형태에 대한 단 하나의 기원 세포가 있었을 것"으로 추정했어요. 과학계에서는 이것을 지구상의 수많은 생명체의 기원이 되는 최종 우주 공통 조상(Last Universal Common Ancestor, LUCA), '루카'라고 부르고 있죠.

과학자들은 루카가 열수분출공과 같은 환경에서 에너지를 얻었다고 보고 있어요. 열수분출공이 원시 지구의 척박한 환경과 비슷해서 생명 탄생에 적절한 에너지를 제공해 주었다는 거예요. 최근 독일의 뒤셀도르프 대학 분자진화 연구소의 윌리엄 마틴(William Martin) 교수팀은 루카의 화학반응을 일으킨 에너지가 어디에서 왔는지를 연구한 결과, 수소가 없는 환경에서는 이산화탄소로부터 탄소를 고정할 수 없다고 발표했습니다. 뜨거운 열을 좋아하는 루카가 '화학적 햇빛'인 수소로 이산화탄소를 고정해서 생존했을 것이란 거죠. 또한, 과거의 화성과 목성의 위성인 유로파, 토성의 위성인 엔셀라두스에도 열수분출공이 존재해서 외계 생명체가 살아가고 있을 것으로 보고 있어요.

이처럼 수십억 년 전 원시 생명체에 에너지를 불어넣은 '수소의 비법'이 현대에 이르러 인류에 의해 활용되고 있습니다. 수소 연료 전지의 양쪽에 수소와 산소를 넣고 화학 반응하면 인류에게 필요한 전기와 열이 만들어지고, 물이 생성됩니다. 이 때문에 수소는 미래의 청정 에너지원으로 떠오르고 있어요.

하지만 자연에서 수소는 주로 물이나 화석연료 등의 화합물 형태로 존재해요. 그러니 먼저 화합물로부터 수소를 분리해 내야 하죠. 그래서 수소의 출생이 얼마나 친환경적인지에 따라 크게 그레이수소, 블루수소, 핑크수소, 그린수소로 구분합니다.

'그레이수소'는 천연가스의 주성분인 메탄을 뜨거운 수증기와 반응시켜 얻는 수소로 이산화탄소가 함께 만들어집니다. '블루수소'는 그레이수소를 얻는 방식과 같지만 발생하는 탄소를 포집하여 저장해 대기로 배출하지 않아요. 원자력 발전으로 얻은 전기를 이용해 이산화탄소를 발생시키지 않고 물을 분해해서 얻는 수소를 '핑크수소'라고 부릅니다. 최종적으로 태양에너지나 풍력과 같은 재생에너지의 전력만을 써서 추출하는 '그린수소'를 지향하고 있지요.

유럽에서 수소의 생산 방법에 따른 생산 비용을 추정해 보니 화석연료에 기반한 그레이수소가 가장 싸고, 청정할수록 가격이 비싸져요. 그래서 현재 우리나라를 비롯해 전 세계는 주로 그레이수소

방식을 선택하고 있어요. 하지만 그레이수소는 약 1kg의 수소를 생산하는데 이산화탄소 10kg을 배출합니다. 배보다 배꼽이 더 큰 꼴이죠. 2020년 2월, 우리나라는 세계 최초로 '수소경제 육성 및 수소 안전관리에 관한 법률'(이하 수소법)을 제정했습니다. 유럽연합(EU)도 뒤이어 '2020 수소 전략'을 수립해 그린수소 확대를 목표로 하고 있어요. 아직 과학 기술적인 한계가 많지만, 그린수소 에너지는 앞으로 지속 가능한 저탄소 에너지 시스템으로 전환하는 데 탄력을 줄 것이라고 합니다. 물론 에너지 소비 자체를 줄이는 것이 최고의 방법이지만요.

4

바다로 스며드는 방사능

원자력은 값도 싸고, 과학 기술로 충분히 안전하게 관리할 수 있으며 이산화탄소가 발생하지 않아 친환경적인 에너지원이라는 입장이 있습니다. 반면 원전 사고가 발생하면 돌이킬 수 없는 인명·환경 피해와 천문학적 비용이 발생하고, 처분하기 힘든 핵폐기물을 만들어내 위험 요소가 큰 에너지원이라는 입장도 있지요.

독일의 필립스부르크에서 폭약이 터지면서 150m에 달하는 굴뚝 같은 원형구조물이 와르르 무너집니다. 바로 원자력 발전소의 상징인 '냉각탑'입니다. 독일은 2011년 일본의 후쿠시마 원전 사고가 발생한 후 2022년까지 모든 원전을 폐쇄하고 풍력 및 태양광 에너지 등 재생에너지를 공급하는 '에너지 전환 정책'을 추진했습니다. 그리고 약속대로 2023년 4월, 독일은 지난 61년 동안 운행되었던 총 36

기의 원전 중 마지막까지 남아 있던 원전 3곳의 가동을 모두 멈춰 '원전 없는 나라'가 되었습니다.

독일은 영구적인 방폐장[3]이 없는 원자력 발전은 미래 세대에게 폐기물을 떠넘기는 것과 다를 바 없다고 보고, 핵폐기물 생산을 멈추는 것이 '세대 간의 정의'를 위한 일이라고 보았습니다. 이는 독일의 시민들이 오랜 시간 투쟁한 결과입니다. 우리나라보다 최소 4배나 높은 에너지 요금은 경기침체로 이어졌고 반대 여론도 있었지만, 독일 국민은 지금을 과도기로 보고 현실을 받아들였습니다.

방사성 폐기물은 발생하는 방사선의 양에 따라서 크게 '중저준위 폐기물'과 '고준위 폐기물'로 나뉘어요. 방사성 폐기물 처분이란, 방사성 폐기물을 영구히 격리해 인간 및 자연환경이 방사성 폐기물로 피해를 보지 않도록 하는 것입니다. 이러한 목적을 만족시키기 위해 현재까지 제안되고 있는 처분 방법은 남극 대륙 등 극지 처분, 지구 밖 외계로 우주 처분, 해저 지층 처분, 육지 처분, 해양 처분 등으로 나눌 수 있지요. 현재로서는 육지 처분 방법만이 안정적으로 시행되고 있어요. 우리나라는 경주시에 원자력 발전소 등에서 사용된 작업복이나 장갑, 부품 등 중저준위 방사능 폐기물을 처분하는 방폐장이 만들어져 2015년 8월부터 운영하고 있죠. 방폐장은 지진 규모 7.2까

---

3 방사성 폐기물을 처리하는 시설 또는 장소.

지 버틸 수 있어서, 경주에 기상청 관측 사상 최대 규모인 5.8의 지진이 발생했을 때도 안전하게 가동되었다고 합니다. 그런데 고준위 폐기물은 상황이 조금 다릅니다.

원자력 발전소에서 원료로 태우고 남는 고준위 핵폐기물인 '사용 후핵연료'는 땅속에 최소 10만 년 동안 안전하게 보관되어야 합니다. 현재 고준위 핵폐기물을 처리할 수 있는 방폐장을 가진 나라는 전 세계에 딱 한군데, 핀란드의 '온칼로(Onkalo)' 뿐이에요. 온칼로는 핀란드어로 '동굴', '숨겨진 곳'을 뜻합니다.

핀란드는 1983년부터 고준위 방폐장 건설 논의를 시작해 2001년에 이르러 18억 년 된 화강암으로 이루어진 지층 기반, 올킬루오토(Olkiluoto)섬을 방폐장을 지을 곳으로 선정했습니다. 그 후 안전 검사만 10년 넘게 진행해 2025년부터 드디어 처분을 시작한답니다. 핀란드는 지난 40년 동안 꾸준히 기술을 개발하고, 주민들과 적극적으로 소통을 이어나가 고준위 방폐장을 건설할 수 있었습니다. 이곳에 향후 100년간 핀란드에서 나온 6천5백 톤 분량의 고준위 폐기물이 차곡차곡 쌓이면 영구 폐쇄해 무려 10만 년간 밀봉할 계획이라고 합니다.

그런데 10만 년은 정말 긴 시간이에요. 호모 사피엔스의 출현이 30만~35만 년 전이라고 하니 말이죠. 지금까지 남극 빙하에 기록된 80만 년 동안의 기후와 이산화탄소 기록을 살펴보면 대략 10만 년을 간격으로 8번의 빙하기-간빙기 주기가 발생했답니다. 그러니 10만 년 후에는 지각판이 크게 이동하거나 빙하기가 도래할지 모를 일이죠.

우리나라의 원자력 발전은 전체 전력 생산의 약 30%를 안정적으로 담당하고 있습니다. 현재 우리나라는 세계에서 다섯 번째로 원전을 많이 운영하는 국가로, 25기가 가동 중이며 경북 울진과 울산에 3기가 추가로 건설 중이죠. 우리나라의 원자력 기술은 세계적인 수준입니다. 원전 기술 수출국으로, 차세대 원전으로 주목받고 있는 대형 원전 100분의 1 이하 규모인 소형모듈원자로(SMR) 개발에 막대한 금액을 투자하고 있습니다. 그런데 우리나라는 세계 원전 운영 상위 10개국 중, 유일하게 고준위 방사성 폐기물을 묻을 곳을 찾지 못했습니다. 1978년 고리 1호기 운전 이후 1980년대부터 국내에 방폐장 부지를 선정하려 했으나 번번이 실패했지요. 우리나라 원자력 발전소의 설계 수명이 끝날 때까지 전국에서 무려 63만 다발의 고준위 폐기물이 생길 것으로 계산된다고 합니다. 앞으로 원전 가동률이 높아지고 설계수명을 늘리면서 신규 원전을 더 짓는다면, 그보다 많은 79만 다발로 늘어날 것이라는 어두운 전망도 있습니다.

1972년에 체결된 '런던 협약'은 폐기물의 해양 투기로 인한 해양 오염을 방지하는 최초의 지구 차원 협약입니다. 광활한 바다의 경이로운 희석능력을 내세워 충분한 논의도 없이 1946년 미국이 방사성 폐기물을 해양에 투기한 이래로 1993년 11월에 방사성 물질의 해양 투기 금지 개정안이 추가되기까지, 우리나라를 포함해 약 14개의 국가에서 대서양과 태평양, 그리고 북극해에 10만 드럼이 넘는 고준위 핵폐기물과 100만 드럼이 넘는 중저준위 폐기물을 버렸다고 합니다. 방사선량으로는 총 85,100조Bq(베크렐)이 전 세계 바다 100여 곳에 투기되었어요. 하지만 이것이 끝이 아닐지도 모릅니다. 현재는 국제사회의 반대로 인해 심해저 처분이 금지되고 있지만, 미국이나 러시아 등의 나라에서는 무슨 속셈인지, 이와 관련된 기술을 계속해서 연구하고 있다고 합니다.

원전은 방사성 물질로 바다를 천천히 오염시키고 있습니다. 원자력 발전소는 핵분열 때 발생하는 열을 식히기 위해 반드시 큰 강이나 바다 옆에 짓습니다. 1,000MW(메가와트)급 원전은 1초 동안 해수 100톤가량을 냉각수로 사용하고, 7℃ 더 따뜻하게 데워진 온배수를, 가뜩이나 지구온난화로 수온이 상승한 바다로 내보내고 있습니다. 이 물은 방사성 물질인 삼중수소에 오염된 물이기도 합니다.

5

소리 없는 울음바다

후쿠시마 제1 원자력 발전소 주변에는 하늘색, 흰색, 회색의 아파트 3~4층 정도 높이의 원통형 구조물이 빼곡히 늘어서 있습니다. 적게는 1,000톤에서 많게는 2,900톤 정도를 보관할 수 있는 저장 탱크로, 그 개수가 1,600개를 훌쩍 넘습니다. 이 저장 탱크 안에는 다름 아닌 '방사능 오염수'가 들어있습니다.

2011년 동일본 대지진으로 후쿠시마 원전 사고가 일어난 뒤 1, 3, 4호기 원자로에는 녹았다가 다시 굳은 '핵연료'가 남아 있어요. 이 핵연료에서는 많은 열이 발생하고 있습니다. 만약 이 열을 식혀주지 않으면 핵연료가 폭주해서 엄청난 방사성 물질을 뿜어낼 수 있어요. 그러니 계속해서 냉각수를 주입해 열을 식히고 있지요. 또한, 후쿠시마 원전 부지의 균열 틈새로 지하수와 빗물이 유입됩니다. 이렇게 스며든 물이 손상된 원자로나 녹아있는 핵연료와 접촉하면 방사능으로 오염된 물이 발생하는데, 이것들을 모두 '방사능 오염수'라고 합니다. 사고 초기에는 원자로의 노심용융을 냉각하기 위해 사용된 고농도의 오염수가 발전소 인근 해양으로 그대로 누출되었다고 합니다. 2023년 6월을 기준으로 일본 후쿠시마 인근 해역의 세슘 농도는 우리나라 해역과 비교하여 100배 정도 큰 값으로 측정되고 있습니다.

후쿠시마 원전 사고 이후 방사능 오염수는 하루 최대 180톤가량 꾸준히 발생하고 있어요. 폭발로 녹아내려 원자로 바닥에 눌어붙어 버린 핵연료봉을 로봇을 이용해 제거하는 등 본격적인 폐로 작업에 들어간다고는 하지만, 원전을 모두 해체하기까지는 30~40년 정도가 더 소요된다고 합니다. 그러니 앞으로도 방사능 오염수는 계속 발생한다는 얘기지요.

이 방사능 오염수에는 삼중수소(^{3}H), 탄소-14(^{14}C), 세슘(^{137}Cs, ^{134}Cs), 스트론튬(^{90}Sr), 코발트(^{60}Co) 등 약 62가지의 방사성핵종이 포함되어 있습니다. 일본 정부와 도쿄전력은 '다핵종제거설비(알프스, ALPS)'로 오염수의 방사성 물질을 반복 처리한 다음, 원전 앞바다 1km까지 해저 배수 터널을 만들어 약 134만 톤을 30년에 걸쳐 천천히 바다에 버리겠다고 발표했어요. 어림잡아 하루 120톤 정도의 오염수를 방류한다는 거예요.

다시 말해 매우 적은 양이라고는 해도 ALPS가 완벽히 제거하지 못해 여전히 방사성 물질이 들어있는 오염수를 바닷물에 희석하여 농도를 낮춰서 일본의 '배출규제기준'에 맞게 방류하겠다는 계획입니다.

하지만 '삼중수소'는 산소와 결합한 형태로 물과 완전히 섞여서 현재 기술로는 제거할 수 없어요. 또한 '탄소-14'와 같은 일부 핵종은 아예 걸러지지도 않고 방류된답니다.

오염처리수에 존재하는 삼중수소의 총방사능 수치는 870조Bq로 추정되며, 평균 농도는 73만Bq/L라고 합니다. 그래서 삼중수소의 연간 총방출량을 22조Bq 이내로 제한하고, 매 배출 시 삼중수소 농도는 1,500Bq/L 미만을 확인하여 방출한다고 해요. 드넓은 바다를 한번 휙 돌면 '희석의 마법'으로 그보다 훨씬 농도가 낮아진다고 합니다. 지금 우리의 물속 삼중수소의 농도와 비교해 정말 괜찮은 양일까요? 지금 우리의 해수와 음용수와 같은 일반적인 물에서 삼중수소의 농도는 0.1~1.0Bq/L 정도라고 합니다.

방사성 물질인 방사선량이 절반으로 줄어드는 기간인 '반감기'를 여러 번 거치면 방사능을 최소화할 수 있어요. 삼중수소의 경우에는 반감기가 약 12년이에요. 100년 정도 지나면 방사선량이 충분히 줄었다고 이야기할 수 있지요. 그러니 방사선량이 충분히 줄어들 때까지 오염수를 장기 보관하면 방사능의 위험이 줄어들어요. 물론 탄소-14는 반감기가 5,730년으로 어림없지만요.

그런데 탱크에 오염수를 보관하는 비용이 만만치 않다고 해요. 행여나 지진이나 쓰나미가 일어나면 더 위험한 상황에 노출될 수도 있고요. 그러면 오염수를 고체화하는 방법은 어떨까요? ALPS를 통해 정화된 저준위 오염수를 시멘트, 모래와 함께 반죽한 뒤 고체화해 콘크리트 탱크 안으로 부어 넣는 방식이에요. 고체화 방식은 부피가 늘어나기 때문에 부지가 추가로 필요하다고 합니다. 그러니 액체 상태로 장기 저장하는 방식보다 훨씬 큰 비용이 들겠죠. 그 외에도 증발을 통한 대기 방류와 전기분해 방출, 지층 주입, 지하 매설 등의 방법이 검토되었으나 해양 방류가 최단기간에 가장 저렴한 비용으로 시행할 수 있는 최적의 안이라는 결론과 함께 이 모든 검토안은 가차 없이 물거품이 되어 버렸습니다. 결국, 일본 정부는 2023년 8월 24일 후쿠시마 방사능 오염수 해양 방류를 시작했고, 일본의 부담은 지구상 모두에게 공유되었습니다.

바다는 모든 물이 흘러가는 끝이요, 모든 물이 생겨나는 근원입니다. 이렇게 순환으로 연결된 바다는 누구의 소유도 아니며, 인간을 포함한 모든 생명에게 귀한 바탕입니다. 건강한 바다를 지켜가야 하는 당위이기도 합니다. 바다는 무한하지 않습니다. 바다는 역동적이고, 해양생물들은 방사성 물질을 몸에 농축한 채 먹고 먹히면서 육지에도 영향을 줄 수 있습니다. 또한, 모든 해양 생명체는 물론이고 바다에서 오랜 시간을 보내는 해녀에게 치명적인 영향을 미칠 수도 있어요. 방사선의 생물학적 영향은 주로 유전자나 염색체를 훼손하기 때문에 유전적 피해까지 기준에 포함되어야 합니다.

바다라는 지구 환경 속에서 생명체가 탄생했고, 그 생명체가 다시 지구 환경을 변화시키고 있습니다. 바다는 곧 생명이며 우리 자신입니다. 지구 환경에 존재하는 이와 같은 문제들은 사회, 경제, 물리·화학적 측면에만 머물러서는 안 됩니다. 무엇보다 '생태학적인 측면'까지 면밀하게 고려하여 치유의 방향으로 변화를 멈춰서는 안 됩니다.

6

바닷물도 마셔요

바다는 지구 표면의 70%를 덮고 있습니다. 그래서 우주에서 본 지구는 파란 구슬 같습니다. 새삼스럽지만 지구의 별명은 물로 된 공이라는 뜻의 '수구(水球)'입니다. 실제 지구 물의 97.5% 이상은 바닷물입니다. 바닷물은 짠물이라 사람들이 이용하기 어려워요. 세계 인구가 80억에 다다르는 오늘날 10억이 넘는 인구는 여전히 물 부족에 시달리고 있어 인류는 해수 담수화 기술 개발에 집중하고 있지요.

사실 우리는 이미 바닷물을 마시고 있습니다. 우리나라에서는 국민건강을 위해 먹는 물을 법으로 관리하고 있어요. '먹는물관리법' 제3조 3항 '먹는염지하수'와 4항 '먹는해양심층수'가 바로 바닷물과 관련된 조항입니다. 생수 포장지 품목명을 확인하면 볼 수 있어요.

식수를 생산하는 과정에서 무기질을 더 첨가하는 경우에는 혼합 음료로 표기하기도 합니다.

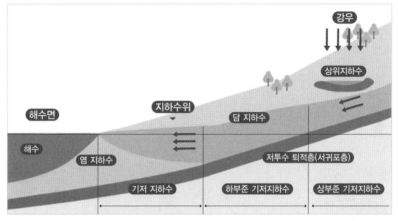

제주도 지하수 형태
(출처: 제주특별자치도/물정책과)

염지하수는 염분이 높은 지하수입니다. 바닷가 근처, 바닷물이 유입하기 좋은 지질구조에서 바닷물이 침투해 내륙 안쪽 깊숙이 담수로 된 지하수(담지하수) 아래 위치합니다. 염지하수는 담지하수보다 밀도가 높아서 둘은 섞이지 않습니다. 담지하수와 염지하수가 층을 이룬 상태에서 담지하수는 빗물, 염지하수는 바닷물이 계속 유입되어 수량을 유지합니다. 우리나라에서는 제주도 동쪽에 있는 염지하수 '용암해수'가 먹는 물로 개발되어 판매되고 있어요. 염지하수는 대체로 오염 물질이나 유기물이 적고, 미네랄 성분이 많고 온도가 일정하다는 특징을 가지고 있습니다. 그리고 내륙에서 펌프로 퍼 올릴 수 있습니다. 염지하수는 염분을 빼는 탈염 과정을 거쳐 활용합니다.

해양심층수는 태양광이 도달하지 않는 수심 200m 아래에 존재하며, 수온이 항상 3℃ 이하로 유지되고, 해양생물에 필수인 영양염류가 매우 풍부할 뿐 아니라 유기물이나 병원균 등이 거의 없는 청정한 해양수자원을 말합니다(해양심층수법 제2조). 햇빛이 도달하는 수심 200m까지는 표층수라고 해요. 심층에는 햇빛이 도달하지 않으니 해조류와 식물성 플랑크톤이 광합성을 할 수 없어 영양염류가 풍부한 것이죠. 해양심층수는 전 세계적으로 심층순환 고리 근처에 위치하거나 고유의 해양심층수 생성 과정을 보유한 나라에서만 활용할 수 있습니다.

운 좋게도 우리나라에는 동해에서 해양심층수가 만들어집니다. 동해는 최대수심이 3,700m 이상 되는 깊은 바다에요. 겨울철 동해는 강한 북서풍을 동반한 차고 건조한 대륙 극기단에 의해 블라디보스토크 인근 해역의 표층수에서 냉각과 증발이 많이 일어납니다. 바닷물이 차가워져서 얼면 물만 얼음이 되고 염분은 주위 바닷물로 빠져나가요. 증발할 때도 물만 증발하기 때문에 냉각과 증발이 많이 일어나는 표층수는 염분이 높아져 밀도가 높아집니다. 그렇게 밀도가 높아진 바닷물이 가라앉아 만들어진 해류가 수백 년 주기로 동해안에서만 순환하게 됩니다. 동해 남동부의 대한해협에서 자체적으로 만들어지고 순환하는 고유의 심층수는 '동해고유수'라고 불려요. 우리나라는 미국, 일본, 노르웨이, 대만에 이어 세계에서 5번째로 해양심층수를 개발한 나라입니다. 2019년 12월 현재 우리나라 동해에서 해양심층수를 개발하고 있는 업체는 8개, 하루 최대 취수량은 4만 7천 톤이 넘습니다. 그중 먹는 해양심층수를 제조하는 업체는 5개, 생산하고 있는 제품 브랜드는 16개나 된다고 해요.[4]

아직 바닷물을 담수화하지는 못했지만, 사람들은 바닷물을 생수로 만들고 있습니다. 인류의 기술 발전은 정말 놀랍죠? 그런데 큰 노력을 들여서 바닷물로 생수를 만들어야 할 정도로 물이 없는 걸까요? 그저 더 좋은 물을 마시고 싶은 욕심 때문일까요?

우리가 사는 지구의 가장 중요한 특성은 바로 '물'이 존재한다는 것입니다. 기체인 수증기, 액체인 물, 고체인 얼음, 세 가지 상태가 모두 존재하지요. 물은 다른 물질과 달리 세 가지 상태의 이름이 모두 다릅니다. 그 정도로 우리에게 너무나 중요한 물질이에요.

이런 환경에서 진화했기 때문에, 우리 몸의 약 70%를 물이 차지하고 있습니다. 하루라도 물을 마시지 않으면 삶을 지탱하기 어렵습니다. 먹는물 외에도 물은 우리 생활의 필수품이죠. 하루 동안 씻고,

---

4 「2020년도 해양심층수 시행계획(안)」, 해양수산부, 2022, 17-18. (p.20)

먹고, 마시고, 즐기는 우리의 모든 생활이 물과 관련되어 있습니다. 그리고 이 모든 물은 짜지 않은 물, 담수이지요. 바닷물을 생활용수로 만들어 쓰기는 아직 어렵습니다. 비싸거든요.

그래서 '먹는물'에 집중해서 이야기해보려고 해요. 특히 먹는물은 우리 몸으로 들어와 우리 몸의 일부를 구성하고 지구로 되돌아갔다가 여러 경로를 거쳐 다시 우리 몸으로 들어오게 됩니다. 우리도 물 순환 경로의 일부인 거예요. 바닷물 외에도 우리는 어떤 물을 마시고 있을까요? 우리가 마시는 물의 경로를 알아볼까요?

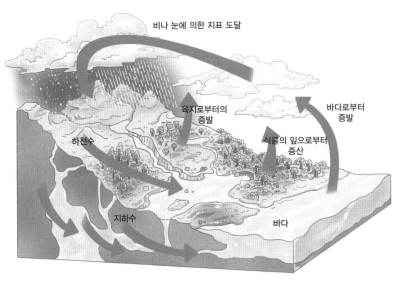

물의 순환

7

땅 위를 흐르는 물길, 하천수

가장 먼저 우리 눈에 보이는 물부터 이야기해볼까요? 사람들은 늘 물길 주변에 모여 살았습니다. 가장 오래된 문명은 모두 큰 강 주변에서 발달했죠. 황하 문명은 중국 황하강, 인도 문명은 인더스강과 갠지스강, 메소포타미아 문명은 티그리스강과 유프라테스강, 이집트 문명은 나일강 주변에서 생겨났습니다. 우리나라도 마찬가지입니다. 고구려 수도는 압록강과 대동강, 백제 수도는 금강과 한강, 신라 수도는 형산강과 한강 유역에 위치합니다. 인류의 삶에는 물, 특히 짜지 않은 '담수'가 꼭 필요했죠. 가장 구하기 쉬운 담수는 아무래도 지표 위 흐르는 강이었을 거예요.

지금도 사정은 비슷해서 사람들이 모여 사는 곳 가까이에 하천이 있는 경우가 많아요. 우리나라 하천법 정의에 따르면, '하천'은 지표면에 내린 빗물 등이 모여 흐르는 물길이고, '하천수'는 지표면에 흐르거나 하천 바닥에 스며들어 흐르는 물 또는 하천에 저장된 물을 말해요.

우리는 하천에 흐르는 물을 정수해 '수돗물'로 사용하고 있어요. 우리나라에는 지역마다 수돗물 브랜드도 있어요. 광주광역시의 '빛여울 水', 부산광역시의 '순수365', 서울특별시의 '아리수', 대전광역시의 'It's 水', 대구광역시의 '청라수', 인천광역시의 '하늘수'… 모두 수돗물이에요. 최근에는 전국 대부분 학교에 직수기를 설치해 수돗물을 식수로 공급하고 있습니다.

강의 상류에서 상수도로 각 가정, 학교, 기관 등에 수돗물을 공급해요. 사용한 물은 다시 깨끗하게 만들어 하수도를 통해 강의 하류로 내보냅니다. 그리고 모든 강물은 바다로 흘러가게 되어 있고요. 언뜻 생각하면 물 순환 고리에 별 영향이 없는 듯 보이는데요. 정말 그럴까요?

지금의 서울을 상상해보세요. 인구 천만 명이 넘게 사는 거대한 도시에서 모든 사람이 수돗물을 사용하려면 엄청나게 많은 수도관이 필요하겠죠? 한강에서 직접 물을 떠 와서 사용할 수는 없으니까요. 그렇게 사람들이 만든 새로운 물길은 사람들이 모여 사는 도시에서 가장 중요한 요소이기도 합니다. 그렇다면 서울에 있는 상수도관은 몇 개나 될까요? 2022년 서울특별시기본통계에 따르면 서울에는 1,336만 개가 넘는 수도관이 있다고 해요. 그리고 하수도는 2020년 기준으로 1,207km가 넘게 깔려 있다고 합니다. 약간 과장해서 서울에서 부산까지 대충 두 번은 왕복할 수 있을 정도의 길이죠.

자연스럽게 흐르는 물길을 바꾸는 데 수도관만 필요한 건 아닙니다. 하천수를 바로 취수하기도 하지만, 빗물과 하천수를 가두어 더 많은 물을 모아 활용하기 위해 댐을 만들었죠. 한강에만 8개의 댐이 있고, 전국에 다목적댐이 19개, 용수전용댐이 12개 있습니다. 다목적댐은 전기도 만들고, 물도 공급하고, 홍수를 대비하기도 하는 여러 목적을 가진 댐입니다. 용수전용댐은 생활에 필요한 물을 공급하기 위한 댐이에요. 농업용수를 위한 댐은 1만 개가 훌쩍 넘어서 우리나라에는 약 1만 8,000개의 크고 작은 댐이 있어요.

놀랍게도 우리 인류는 지난 세기에 하루 한 개꼴로 댐을 지었다고 해요. 전 세계 큰 강의 약 70%는 5만 개가 넘는 댐으로 힘겨워하고 있어요.[5] 당연히 자연적인 물의 흐름이 달라졌습니다. 유럽에서는 물이 다시 자연적인 흐름으로 돌아갈 수 있게 댐을 없애고 하천을 관리한 사례도 있긴 하지만, 도시를 유지하기 위해서는 전기를 생산하고 물을 공급하는 데 댐의 역할이 큽니다.

---

5 『인류세의 모험』, 가이아 빈스 지음, 곰출판, 2018. (p.106)

댐 졸업 캠페인

2018년, 우리나라 환경부에서는 '지속가능한 물관리를 향한 첫걸음' 과제를 발표하면서 댐 정책의 인식 체계(패러다임)를 '건설'에서 '관리'로 전환하겠다고 발표했습니다. 더는 국가 주도로 대규모 댐을 건설하지 않겠다고 선언한 것인데요.

우리나라 댐 중 절반 이상은 건설된 지 70년 이상 되거나 관리가 되지 않는 상태입니다. 역할을 다한 노후화된 댐을 허물어 시민들과 자연에 건강한 강을 돌려주려는 움직임이 '댐 졸업 캠페인'입니다. 쓸모없거나 환경에 악영향을 주는 시설들을 허물면 수질과 하천의 생태계가 다시 살아난다고 알려져 있습니다. 그래서 댐을 포함해 보와 하굿둑 등 물막이 시설을 허물자는 주장이 늘었죠. 대표적으로 경기도 성남 탄천의 백현보, 대형 댐 가운데는 강원도 평창 도암댐을 졸업시키려 합니다. 하굿둑 가운데는 부산 낙동강 하굿둑과 금강 하굿둑을 개방하자고 논의 중이고요.

경기도 고양시 곡릉천에 위치한 곡릉2보의 댐은 1970년대에 농업용수를 공급하고 식수원으로 사용하기 위해 만들어졌지만, 주변 지역이 비닐하우스가 되면서 더 이상 필요가 없어져 방치된 채 있었답니다. 보의 길이가 76m, 높이 약 1.5m에 이르는 크기로 꽤 많은 양의 물을 가두고 있었어요. 2004년부터 환경부에서는 '기능을 상실한 보 철거를 통한 하천생태 통로 복원 및 수질개선효과' 연구를 시작했고, 시범 철거 대상으로 곡릉2보가 선정됩니다. 콘크리트로 만든 보를 허물고 돌망태를 조성했지요. 지금은 어떤 장애물도 없이 맑은 강물이 자유롭게 흐르고, 돌망태 사이로 버드나무가 빽빽하게 자리 잡아 아담한 버드나무 숲이 되었답니다. 물속 생태계가 다시 살아나 물새들도 늘어나고 있고요.[6]

방치되어 황량했던 곳이 10년 만에 자연 하천의 모습을 찾은 것을 보면 역시 자연은 스스로를 놀랍도록 잘 복원하는 능력이 있다는 걸 새삼 알게 됩니다.

---

6 "[댐졸업] 곡릉2보 졸업 후 10년, 어떻게 바뀌었을까요?", 환경운동연합. 2016.4.28.

8

땅속을 흐르는 지하수

동요 〈옹달샘〉을 알고 있나요? 옹달샘은 작고 오목한 샘을 뜻하고, 샘은 지하수가 지표로 흘러나오는 곳을 말해요. 샘에서 나오는 물을 샘물이라고 합니다. 우리가 알고 있는 약수가 바로 샘물입니다. 샘이 약수터가 되는 것이죠.

주변에 하천이 없는데도 마을이 있다면, 그 마을은 어디에서 물을 구했을까요? 바로 샘이나 우물입니다. 물이 없으면 일상생활을 유지하기 어려우므로 마을이 생기기 어렵겠죠. 물길이 없는데도 물이 샘솟는 샘과 물길을 눈으로 볼 수 없는데도 물을 계속 길어 올릴 수 있는 우물은 옛날부터 신성하게 여겨졌어요. 물길과 먼 곳에서 물을 주는 소중한 곳이었죠. 이렇게 땅속에 저장된, 지표면 아래에 흐르는 물을 '지하수'라고 합니다.

현재 우리나라에서 사용하고 있는 수자원의 약 10%, 약 30억 톤은 지하수입니다. 주변에서 쉽게 보이는 물길이 하천수이고, 우리나라에서 사용하는 수자원 대부분도 하천수라 지하수와 내가 얼마나 가까운지 가늠하기 어려울 거예요.

그런데 지구 전체의 물 분포를 보면, 지하수가 차지하는 비율이 매우 높습니다. 담수 중 얼지 않은 건 30%도 안 되는데, 그중 무려 98.5%가 지하수입니다. 지금 당장 우리가 구입할 수 있는 생수도 거의 지하수예요. 빗물이 지하로 들어가면 토양과 암석 속 구멍과 틈으로 흐르기 때문에 자연적으로 정수가 되어 하천수보다 수질이 좋고, 무기질(미네랄, 광물질)을 많이 포함하고 있어 식수로 활용하기 좋지요.

우리나라에서는 언제부터 생수를 팔기 시작했을까요? 생수를 팔기 시작한 지는 30년 정도 되었습니다. 물을 사 먹는다는 건 매우 급작스러운 변화 중의 하나였어요.

사건의 시작은 1991년 3월 14일로 올라갑니다. 경상북도 구미의 두산전자 공장에서 '페놀'이 낙동강으로 유출된 사고가 일어났어요. 페놀은 무색 또는 흰색의 결정으로, 상온에서 증발하고 물에도 잘 녹습니다. 폐를 통해 쉽게 흡수되고, 소화기와 피부를 통해서도 체내로 흡수될 수 있는 대표적인 독성 물질이에요. 무려 30톤이나 되는 페놀이 대구 지역의 상수원으로 사용되는 다사취수장으로 유입되었고, 대구 시민들에게 공급된 수돗물에도 녹아들어 갔습니다. 당시 대구 시민들이 수돗물에서 악취가 난다고 신고했으나 취수장에서 원인 규명을 제대로 하지 않고 염소 소독제만 더 투입해 사태가 악화되었습니다. 이후 유출된 페놀은 낙동강을 따라 흘러 밀양, 함양을 포함한 경남지역과 부산지역의 주요 취수장까지 피해를 주었습니다. 낙동강 주변에 거주하는 천만 명가량의 영남지역 시민들이 오염된 수돗물로 고통받았죠. 그런데 20일 만에 다시 가동된 공장에서 4월 22일에 페놀 2톤이 2차 유출되었고, 깨끗한 물에 대한 요구가 높아지게 되었습니다.[7] 1994년 3월 16일, 정부는 생수의 국내 시판을 허용하였고, 그로부터 1년 뒤 1995년 1월 5일에는 '먹는물관리법'이 제정되었습니다. 그렇게 시작한 우리나라 생수 산업은 이제 어마어마하게 성장해서 2021년에는 1조 2천억 원 규모가 되었고고, 전 세계적으로 3244억 달러(약 420조)의 수익을 올릴 것으로 예상[8]하고 있습니다.

---

7 『비욘드 워터』 한국수자원학회, 교문사, 2021. (p.65-68)

8 "환경: 폐기물 우려 속에서도 호황을 누리는 생수 산업", BBC NEWS 코리아. 2023.02.19.

제품	수원지	칼슘 Ca (mg/L)	칼륨 K (mg/L)	나트륨 Na (mg/L)	마그네슘 Mg (mg/L)	불소 F (mg/L)
삼다수	제주	2.5 ~4.0	1.5 ~3.4	4.0 ~7.2	1.0 ~2.8	불검출
평창수	강원 평창	5.8 ~34.1	0.3 ~1.4	2.5 ~10.7	0.8 ~5.4	0 ~1.2
에비앙	프랑스 에비앙	54.0 ~78.0	1.0 ~1.3	4.4 ~15.6	20.3 ~26.4	0 ~0.1
피지워터	피지 비티레부	12 ~19	4.0 ~5.6	12 ~20	10~16	0.16 ~0.29
아이시스	경북 청도, 전북 순창, 충북 청주	5 ~20	0 ~2.0	0 ~3.0	3.0 ~7.0	0 ~1.0
백산수	백두산	3.0 ~5.8	1.4 ~5.3	4.0 ~12.0	2.1 ~5.4	0 ~1.0
스파클	충남 천안, 울산	8.5 ~44.8	1.2 ~3.5	1.8 ~12.6	4.1 ~14.1	0 ~0.6
동원 샘물	경기 연천	20.9 ~54.9	0.5 ~2.3	4.0 ~13.0	1.3 ~8.4	0.1 ~1.7
풀무원 샘물	경기 포천	11 ~16.6	0.3 ~0.6	5.3 ~8.1	1.4 ~2.2	0 ~0.1

시중 생수의 주요 성분

생수 포장지에는 여러 가지 정보가 담겨 있습니다. 우리나라에서 판매하고 있는 생수 포장지를 보면 '제품명'에 '천연 광천수'라고 적혀 있어요. 영어로는 'natural mineral water'. 자연에서 떠온, 무기질이 들어있는 물이라는 뜻이에요. '품목명'에는 먹는물관리법에서 정의하는 먹는물의 종류가 적혀 있습니다. 먹는샘물이라고 쓰여 있으면 지하수겠지요. 그럼 서울의 수돗물 '아리수' 포장지에는 품목명이 무엇이라 쓰여 있을까요? 네, 맞아요. 수돗물이라고 적혀 있습니다. '원수원'은 원래 물이 있는 곳을 말합니다. 예를 들어 암반대수층지하수는 깊은 지하 암석 덩어리 사이를 흐르는 물길에서 가져왔다는 말입니다. '수원지'는 실제 물을 떠 온 곳의 위치입니다. 수원지가 한 곳인 경우도 있고, 여러 곳인 경우도 있습니다.

가장 눈에 띄는 정보는 '무기물질 함량'입니다. 칼슘, 칼륨, 나트륨, 마그네슘 등 다양한 무기질이 포함되어 있습니다. 생수마다 포함된 무기질 함량이 달라요. 시중에 판매되고 있는 생수 몇 개의 주요 성분을 정리해봤어요. 여러분도 마시는 생수가 있다면 한번 확인해보세요.

지하수는 다 같은 땅속 물인데, 무기질 함량은 왜 다를까요? 무기질 함량은 오랜 기간 천천히 이동해 온 지하수의 역사를 보여줍니다. 하늘에서 내린 물은 제일 먼저 토양 속 공극(빈 곳)으로 들어갑니다. 토양을 구성하는 흙과 모래 알갱이 사이사이는 공기와 물로 채워져 있어요. 당연히 물이 공기보다 아래에 위치하게 되니까 지하로 내려갈수록 공극이 물로 가득 채워지게 됩니다. 지하수는 토양과 암석의 틈 사이를 매우 천천히 이동합니다. 지하수는 아주 좁고 제한된 통로로 이동하기 때문에, 하루에 수 mm에서 1년에 수 m 정도, 아주 드물게 구멍이 많은 곳에서 1년에 수백 미터를 이동해요.

범우주적 용매를 기억하나요? 물은 다양한 물질과 반응을 잘하는, 엄청난 실력의 '용매'입니다. 그래서 토양과 암석 속을 이리저리 다니면서 자신이 지나온 길에서 만난 여러 물질을 품게 되는 것이지요. 물에는 수원지, 즉 지하수가 있는 지역의 지질 특성이 반영됩니다.

현재 가장 많이 판매되고 있는 생수의 수원지는 제주도입니다. 제주도는 구멍이 많은 현무암으로 이루어져 있어서 다른 지역보다 물의 이동속도가 빠릅니다. 그만큼 다른 지역보다 암석과 반응하여 무기질을 녹일 수 있는 시간이 적어요. 그래서 무기질 함량이 낮고 상대적으로 깔끔한 맛이라는 평이 많습니다. 바리스타들이 커피를 내릴 때 선호하는 물이기도 해요. 칼슘 함량이 적고 물맛이 강하지 않아 커피의 맛을 제대로 느낄 수 있다고 합니다. 2007년에는 제주도가 유네스코 세계자연유산으로 등재되어 세계자연유산의 정정한 물로 인기가 높아졌다고 해요.

또 다른 수원지인 강원도 평창은 화강암 지역이에요. 대대로 강원도는 약수터가 많은 산 좋고 물 좋은 곳으로 알려져 있죠. 그중에서도 평창군에 있는 수원지는 약 60만 평의 국유림 안에 위치해 맑고 깨끗하다는 인식이 높다고 합니다. 화강암은 제주도를 이루는 현무암보다 조직이 치밀해서 물의 이동속도가 상대적으로 느립니다. 암석을 구성하는 성분도 다르지요. 제주도에서 떠온 물은 나트륨과 마그네슘이 주를 이루지만, 평창에서 떠온 물은 칼슘과 나트륨이 주를 이룹니다.

프랑스에서 온 물에는 무기질이 정말 많이 들어있어요. 알프스 만년설이 녹은 물이 빙하퇴적층을 지나면서 정수된 물이라고 해요. 이 물은 칼슘과 마그네슘을 많이 품고 있어요. 그래서 물맛 감별 실험을 하면 가장 호불호가 갈리는 물입니다. 와인과 섞었을 때 가장 맛을 살려주는 물이라고 해요. 프랑스에서 와인을 많이 만드는데, 와인의 주재료인 포도가 먹고 자란 것과 같은 물이 잘 어울리는 거라고 하네요.

천연 탄산수로 불리는 물도 지하수입니다. 우리나라 약수는 대부분 탄산수로, 탄산 약수가 있는 곳이 90곳 이상이라고 알려져 있어요. 탄산 약수가 나오는 곳은 주로 편마암류와 화강암류 지역이에요. 암석의 틈을 따라 나오는 물이 탄산염광물과 반응해 탄산 이온의 농도가 높아져 탄산수가 되는 것으로 알려져 있어요. 그중 충북 청원을 수원지로 한 탄산수가 시중에 판매되고 있어요. 처음 취수할 때와 달리 탄산이 많이 약해져서 최근에는 이산화탄소를 인공적으로 주입하기 시작했기 때문에 이제 '천연'은 아니지만 말이에요.

지하수를 이용하기 위해서는 반드시 땅에 대한 이해가 앞서야 합니다. 지역을 이루는 암석의 종류와 분포, 지질구조에 따라 지하수의 특성과 분포가 달라지기 때문이죠. 그래서 유럽에서는 지질 연구 기관들이 수자원 연구에 많은 관심을 쏟고 있어요. 수원지 특성을 파악하고, 새로운 수원지를 발굴하고, 환경을 보전하고 있습니다.

한국지질자원연구원 기후변화대응본부 지하수환경연구센터에서도 우리나라 '좋은 물 분포지도'를 만들었습니다. 그 결과 강원도 영월, 충청도 청주·세종·천안, 제주도에 우리나라에서 가장 좋은 물이자 세계 최고 수준의 물이 있는 것으로 밝혀졌어요. 국가지하수정보센터에서는 지하수 빅데이터를 지도로 만들어 공개하고 있습니다. 우리 동네 지하수 위치나 정보가 궁금하다면 국토 지질정보의 '좋은 물 지도'나 지하수 빅데이터 플랫폼 '지하수 분석지도'에서 우리 동네를 찾아보세요.

9

생수가 기후위기에 끼치는 영향

사람들이 마시는 물의 종류가 생각보다 다양하죠? 그럼 이제 우리는 지구생활자로서 어떤 물을 마셔야 할지 결정해야 하는데요.

무기질, 즉 미네랄이 많으면 좋은 물일까요? 물속 무기질은 이온화되어 있어 식품보다 체내 흡수율이 높아요. 그렇지만 실제로 얼마만큼 흡수되는지, 다른 식품으로 섭취된 양을 포함해 적절한 양이 흡수되고 있는지는 알 수 없어요. 분명 무기질은 필수 영양소 중 하나입니다. 그렇지만 나에게 필요한 무기질이 얼마나 되는지, 무엇을 통해 얼마나 흡수하고 있는지 우린 정확히 알지 못합니다. 우리 몸이 그렇게 간단하지 않기 때문이죠. 사람마다 다르기도 하고요.

한 가지 정확하게 알 수 있는 건 생수를 선택하면 반드시 플라스틱을 함께 사게 된다는 겁니다. 생수의 다른 이름은 '병입수(Bottled water)'입니다. 물론 수돗물도 종종 병에 담깁니다. 2023년 2월 인천시에서는 가뭄으로 식수난을 겪고 이는 전라남도 완도군 보길도에 인천하늘수(인천 수돗물 브랜드) 1.8L 1만 3천 병을 긴급 지원했습니다. 이렇게 다른 지역에 도움을 주는 등 필요에 따라 병입수를 만들기도 합니다. 하지만 보통 수돗물은 상수도관을 통해 공급되므로 따로 병을 소비하지 않아도 됩니다.

플라스틱병을 소비했을 때 발생하는 문제는 여러 가지가 있습니다. 먼저 물의 순환에 집중해 우리가 마실 물과 관련된 이야기부터 해볼게요. 한 번 쓴 플라스틱병은 분리수거로 재활용되기 위해 이동합니다. 하지만 페트병(PET), 즉 '폴리에틸렌 테레프탈레이트(PolyEthylene Terephtalate)' 중에서 투명한 것만 재활용할 수 있어요. 그것도 라벨을 모두 제거하고 잘 선별한 병만 재활용이 됩니다. 플라스틱은 종류도 많고 재활용되는 비율도 높지 않은데다, 소비하는 속도가 너무 빨라서 매년 생산량이 늘고 있어요. 버려진 플라스틱은 자연에 매립, 소각, 유출됩니다. 땅에 묻히거나, 태워지거나, 바다로 흘러간다는 얘기죠. 그럼 이렇게 자연에 버려진 플라스틱은 어떻게 될까요? 햇빛을 받고 비바람을 겪으며 점점 잘게 쪼개집니다. 플라스틱은 매우 안정된 화합물이라 특성이 바뀌지 않고 그 크기만 작아집니다. 미세플라스틱은 정말 작은 크기라 플랑크톤과 구분되지 않을 정도예요. 그 말은 물에 섞여 물의 순환 고리에 포함되면 지구 어디든 갈 수 있다는 말이죠. 우리가 마시는 물 역시 물의 순환 고리에 포함되어 있으니, 깨끗한 물을 마시겠다고 병입수를 소비하면 다음에 마시는 물에는 미세플라스틱이 늘어나 있을 거예요.

2022년 영국의 연구 결과[9]에 따르면 이미 사람의 허파와 혈액 속에 미세플라스틱이 존재하는 것으로 밝혀졌어요. 포장과 배관에 쓰는 폴리프로필렌과 물병에 사용되는 페트병이 가장 많이 발견되었다고 해요. 오스트리아에서는 1인당 일주일에 신용카드 한 장 무게와 맞먹는 5g의 플라스틱 입자가 위장을 통해 사람 몸속으로 유입된다는 사실을 밝혔습니다. 하루에 2L 정도 되는 물을 플라스틱병에 담긴 것으로만 마시는 경우 1년에 약 9만 개의 플라스틱 입자를 섭취하는 것으로 알려져 있어요. 반면 수돗물을 마시면 섭취량을 4만 개까지 줄일 수 있다고 합니다.

플라스틱은 처음 만들어질 때부터 계속 탄소를 배출하는 무서운 물질입니다. 플라스틱은 석유, 석탄, 천연가스 등 화석연료를 원료로 추출한 합성 화학물질로, 태생이 화석연료지요. 플라스틱을 만드는 공정에서 당연히 탄소를 배출하며, 수송할 때도 탄소를 배출합니다. 무엇보다 재활용 비율이 낮아 새로운 플라스틱을 만들기 위해 계속해서 탄소를 배출하죠. 폐기 과정에서는 탄소는 물론이고, 독성 물

---

9 "페트병 생수·우유만 마셔도… 미세플라스틱, 혈액까지 침투", 한겨레, 2022.04.07.

질까지 함께 배출해 대기와 토양, 바다까지 오염시키고 있어요.

국제사회에서는 기후위기 시대 탈 탄소와 함께 탈 플라스틱을 최우선 과제로 여기고 있습니다. 생수와 수돗물을 비교하는 연구 결과도 많습니다. 2021년에는 플라스틱병 생수로 인해 발생하는 환경 영향이 수돗물과 비교해 3,500배에 달하며, 종 손실에 대한 영향은 1,400배라는 연구 결과가 나왔죠. 2014년 공산품을 만들 때 배출하는 이산화탄소량을 '탄소성적표지'로 만든 결과에 따르면, 성인물 섭취 하루 권장량인 2L의 수돗물을 생산할 때 발생하는 이산화탄소는 0.512g인 반면 플라스틱병 생수는 238~271g, 정수기는 제품에 따라 171~677g에 달했어요.

10

물을 펑펑 쓴 대가는 어떻게 돌아올까?

지하수나 바닷물을 개발하면서 사람들은 물이 '무한한 자원'인 것처럼 이야기합니다. 하늘에서 내려온 물은 네 가지 갈림길에 섭니다. 땅 위를 흐르거나, 땅속으로 들어가던가, 증발해서 다시 하늘로 돌아가거나, 생명체의 몸으로 가는 거죠. 이 흐름을 고려했을 때 가뭄이 지속되면 지하수 수위도 당연히 내려가게 됩니다. 지표수나 지하수에서 줄어드는 만큼 대기나 바다로 이동하게 되니 지구 입장에서는 물이 줄어들지 않고 있는 게 맞습니다. 하지만 우리가 사용할 수 있는 물의 종류는 한정되어 있습니다. 바닷물도 표층수가 아닌 심층수 일부를 사용하고 있지요. 우리나라에서 개발한 동해고유수는 자연적으로 만들어지는 데만 수백 년이 걸리니까 우리의 소비 속도가 빨라지는 만큼 심층수 양은 줄어들 수밖에 없죠.

무엇보다 위험한 건 우리가 아직 지구에 대해 잘 모르고 있다는 겁니다. 우리가 지하수와 해양심층수를 사용하며 생긴 빈 곳을 당장은 주변 물이 채우겠지만 주변에 어떤 영향을 주는지는 아무도 모르거든요. 지구는 하나의 커다란 시스템이고 주변에 있는 모든 물질이 상호작용하고 있는데, 우리는 그 모든 부분에 관해 알지 못합니다. 많은 양의 물을 인위적으로 옮겨놓아 물의 순환 고리가 바뀌었는데 이로 인한 영향은 더더욱 알 길이 없습니다. 그래서 개발하는 만큼 보전하고 수질을 관리하기 위해 노력하고 있기도 합니다.

우리나라 전국 지자체의 25% 이상, 천만 명 이상이 가뭄 지역에 살고 있다고 해요. 2022년에 중부지방은 집중호우로 힘들었지만, 남부지방은 비가 오지 않아 힘들었어요. 광주·전남 지역은 50년 만에 최악의 가뭄으로 제한 급수를 해야 할지도 모른다고 했고요. 제한 급수를 하면 정해진 시간에만 수돗물이 나와요. 물을 엄청나게 아껴 써야 하는 거죠. 그런데 광주시는 2022년 환경단체의 반대에도 불구하고 무등산 제4수원지 상수원 보호구역을 해제하고 개발하기로 했어요. 동복댐과 주암댐 50만 톤의 물만으로 수돗물을 공급하기에는 충분하다고 했습니다. 가뭄이 이렇게 길어질 거라고는 생각하지 못한 거죠.

우리나라는 사계절이 뚜렷하고 장마처럼 강수가 집중되는 기간이 있어서, 댐과 저수지 등 물길을 막아 지속해서 사용할 수 있는 물을 확보해야 한다는 목소리가 높았습니다. 그래서 1970년대에 대규모 댐 사업을 하게 되었고, 기후위기로 강수량의 변동이 더 심해지고 있는 상황에서 댐이든 지하수든 지속해서 물을 공급해줄 수 있는 곳이 필요합니다. 수원지를 찾아 관리하는 것은 정말 중요합니다. 생수가 판매되고 있지만, 먹는물이 아니더라도 물은 생활필수품이죠. 시민들에게 필요한 건 결국 수돗물입니다. 그리고 하천수든 지하수든 지역의 깨끗한 물을 수돗물로 잘 공급할 수 있다면 먹는물을 따로 사야 한다고 생각하지 않아도 되겠죠. 수돗물은 1톤에 몇백 원이지만 생수는 500mL에 몇백 원에서 몇천 원입니다. 수질에 차이가 없다면 미세플라스틱 함량이 적은 수돗물이 더 안전할 수 있습니다. 또한, 내 몸에 들어오기까지의 경로를 생각했을 때 에너지와 탄소발자국도 훨씬 적겠죠.

우리나라는 상수도 보급률도, 수돗물의 수질도 세계적으로 높은 수준입니다. 댐으로 인한 환경 문제도 물론 있지만, 많은 사람이 모여 살아야 한다면 꼭 필요한 부분이기도 합니다. 내가 어떤 물을 선택하든 좋은 점과 나쁜 점은 있습니다. 가격과 무기질 함량 외에도 지구생활자로서 지구에 미치는 영향까지 고려해서 선택하면 어떨까요?

봉이 김선달 이야기를 들어본 적이 있나요? 조선 시대 최고의 사기꾼으로 알려진 봉이 김선달은 평양 대동강물을 한양의 욕심 많은 부자 상인에게 4천 냥을 받고 팔았습니다. 그는 대동강 물을 길어가는 평양 물장수들에게 미리 두 냥씩을 나눠줬어요. 그리고 물을 길어갈 때 자신에게 한 냥을 돌려달라고 부탁한 후, 한양 부자에게 물세 받는 장면을 보여주었죠. 탐욕에 눈이 먼 한양 부자는 김선달에게 사천 냥을 주고 대동강 물세권을 샀지만, 다음날 물장수들에게 물세를 받으려다 몰매만 맞았다는 얘기입니다. 봉이 김선달이 이 이야기로 최고의 사기꾼이라 불리게 된 이유는 그가 '강물'을 팔았기 때문입니다. 지구에 있는 물은 누구의 소유인가요? 그 누구의 소유도 아닌 공공재입니다. 만약 소유주를 따진다면 '지구'라고 말하고 싶습니다. 우리가 물을 사용하기 위해 대가를 치르고 있다면 과연 지구에는 어떤 대가가 돌아가고 있는지 생각해주기 바랍니다.

5

요동치는 순환의 땅

1

판의 움직임으로 만들어진 빙하

지금은 흩어져 있는 대륙이 과거에는 모여 있었습니다. 초대륙 '판게아'가 바로 그것이죠. 다른 행성과는 다른, 지구의 특성이기도 해요. 이런 판의 움직임도 기후와 관련이 깊습니다. 지구에 빙하가 등장한 것도 판의 움직임 덕분이죠.

〈아이스 에이지(Ice Age)〉라는 유명한 애니메이션 시리즈가 있어요. '빙하시대'라는 뜻의 제목을 가진 이 시리즈의 4번째 작품은 무려 '대륙 이동설'을 주제로 해요. 영화에서는 지구 중심으로 떨어진 도토리를 찾으러 간 다람쥐 스크랫이 내핵을 자극해 판게아가 갈라지고 빙하시대가 시작되죠. 영화의 시간적 배경은 '신생대'입니다. 실제 학자들도 신생대 제4기 플라이스토세 때 빙하기를 빙하시대라 부르죠. 지금 우리가 사는 지질시대, 신생대 제4기 홀로세의 바로 앞시대랍니다.

　신생대가 막 시작되었을 때 지구는 매우 따뜻했어요. 당시 지구에는 빙하가 없었죠. 그러다 4천만 년 전, 남극 대륙과 오스트레일리아 대륙이 분리되면서 남극순환해류가 생겨났어요. 남극순환해류는 남극 주변을 순환하는데, 그 속도가 매우 빨라서 저위도에서 오는 따뜻한 해류가 남극으로 가지 못하게 막아요. 그 결과 남극에는 열이 전달되지 않았고, 남극 대륙의 온도가 낮아져 빙하가 생기기 시작했어요.

　빙하는 태양빛을 많이 반사합니다. 빙하 면적이 늘어나면 그만큼 지구로 들어오는 태양복사 에너지가 줄어들어서 기온이 낮아질 수 있어요. 남극 대륙에 빙하가 생긴 뒤로 지구의 기온은 계속 낮아졌어요. 그 사이에도 판구조 운동은 계속되었고, 지금으로부터 300만 년 전에는 남아메리카와 북아메리카 대륙이 연결됩니다. 그렇게 태평양과 대서양이 나뉘었고, 멕시코 만에서 출발한 따뜻한 바닷물이 대서양 북쪽까지 이동하게 되었어요. 따뜻한 해류가 고위도까지 올라가 고위도 지역에 눈이 내렸고, 쌓인 눈이 차곡차곡 쌓여 굳어 빙하가 되었습니다. 늘어나는 빙하는 점차 지구의 기온을 낮췄고, 결국 빙하시대가 오게 되었죠.

　지금처럼 빙하가 계속 녹으면 빙하가 반사하는 태양복사 에너지 양이 줄어들어요. 즉, 지구로 들어오는 태양복사 에너지가 늘어나 지구의 기온이 높아질 수도 있다는 거예요. 이렇게 어떤 계기로 생긴 현상이 다시 원인이 되어 변화 속도가 빨라지는 현상을 '양의 피드백' 또는 '양의 되먹임'이라고 해요. 양의 피드백이 있으니, 음의 피드백도 있겠지요? 하지만 현재까지 과학자들이 찾아낸 기후 피드백 중에는 양의 피드백이 음의 피드백보다 많습니다. 그래서 지구 기온이 높아지는 걸 더 경계하고 있고요.

2

빙하도 녹고, 영구동토층도 녹고

다시 빙하시대로 돌아가 볼까요? 빙하시대에는 지구 표면의 많은 부분이 빙하로 덮여있었고, 땅도 얼어있었습니다. 빙하시대가 끝나고 홀로세가 왔으나 여전히 북극과 남극처럼 위도가 높거나 고도가 높은 곳에는 빙하와 언 땅이 있어요. 특히 최소 2년 동안 완전히 얼어붙어 0℃보다 낮은 온도를 유지하는 땅을 '영구 동토층'이라고 합니다. 북반구 육지의 약 25%가 영구 동토층이에요. 생각보다 넓지요?

영구 동토층은 얼음, 흙, 암석, 모래가 섞여 얼어있는 땅이에요. 항상 눈으로 덮여있는 건 아니에요. 영구 동토층의 단면을 보면 얼지 않은 '활성층'이라는 토양이 가장 위를 덮고 있습니다. 활성층은 여름철에 녹았다가 가을에 다시 얼어요. 하지만 너무 추운 지역에서는 여름에도 땅이 녹지 않아 활성층이 10cm 정도로 얇습니다. 영구 동

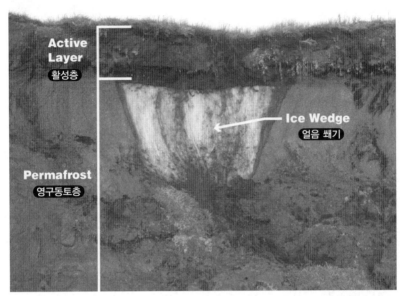

영구동토층 단면 ⓒ벤저민 존스(Benjamin Jones)
(출처: https://climatekids.nasa.gov/permafrost/)

토층이 있는 지역 중에 상대적으로 따뜻한 지역에서는 활성층이 수 미터 정도로 두껍기도 합니다.

오늘날 빙하도, 영구 동토층도 녹고 있어요. 빙하가 녹으면 양의 피드백으로 지구 온도가 더 높아질 수 있다고 했죠? 영구 동토층이 녹아도 마찬가지예요. 심지어 과학자들은 영구 동토층이 녹으면 빙하가 녹았을 때보다 더 무서운 일이 벌어질 수도 있다고 경고해요. 영구 동토층이 녹으면 무슨 일이 생기길래 그러는 걸까요?

2013년부터 러시아 시베리아에서는 수 미터에서 수십 미터에 달하는 커다란 싱크홀이 생기기 시작했습니다. 2014년에는 야말반도에서 지름이 80m에 달하는 엄청나게 큰 싱크홀이 발견되었어요. 야말반도는 '지구의 끝'이라고도 불리는데, 너무 추워서 사람이 살지 않는 곳이에요. 싱크홀은 헬기를 타고 지나가던 가스회사 소속 조종사가 우연히 발견했답니다. 맨눈으로 바닥을 확인할 수 없을 정도로 깊이가 깊어서, UFO가 떨어졌다는 둥 운석이 떨어졌다는 둥 여러 추측이 쏟아져나왔죠. 과학자들은 이 싱크홀의 발생 원인이 지구온난화와 관련이 높을 것으로 예상했고, 정확한 발생 원인을 찾기 위해 드론 촬영, 3D 모형 제작, 인공지능(AI) 기술 등을 도입했습니다. 2021년, 17번째로 발견한 싱크홀에서 드디어 그 원인을 찾았어요. 운이 좋게도 아직 물이 고이지 않아서 화학적인 변화가 발생하지 않은 싱크홀을 조사할 수 있게 된 덕분이었어요. 연구자들은 깊이 30m의 싱크홀 안쪽을 드론으로 촬영해 보았습니다. 그리고 하부에 비정상적으로 큰 구멍이 나 있는 것을 찾았습니다. 싱크홀은 얼음 속 빈 곳에 차오른 메탄가스의 압력이 점점 더 커져서 일으킨 폭발 때문에 생긴 것이었어요.

영구 동토층은 메탄을 많이 품고 있습니다. 영구 동토층에는 오래전 묻힌 수많은 동식물이 수천 년 동안 썩지 않고 보존되어 있어요. 온도가 낮아 미생물이 분해하지 못했기 때문인데, 영구 동토층이 녹으면 분해자의 활동이 시작되어 엄청난 양의 탄소가 배출될 수 있습니다. 시베리아만 해도 매장된 탄소량이 5,000억 톤이 넘을 것으로 추정됩니다. 매년 대기 중으로 방출되는 탄소량의 100배나 되는 양이죠.

영구 동토층에서 메탄이나 이산화탄소가 배출되었을 때도 양의 피드백이 일어날 수 있습니다. 지구 기온이 높아지면 영구 동토층이 녹고, 탄소가 다량 배출되죠. 그러면 배출된 탄소 때문에 지구 기온이 더 높아지고, 영구 동토층이 녹고, 메탄이나 이산화탄소가 더 많이 배출될 것입니다. 하지만 여기까지는 빙하가 녹았을 때 벌어지는 일과 크게 다르지 않은데요. 영구 동토층이 녹았을 때 발생할 수 있는 더 무서운 일이란 무엇일까요?

바로 '바이러스'입니다. 영구 동토층 안에는 수만 년 전에 묻힌 바이러스와 병원체가 봉인되어 있어요. 2016년, 러시아 시베리아에서 75년 만에 탄저병이 발생해 순록 2,300여 마리가 떼죽음을 당했고, 8명이 감염되었으며 12세 목동은 사망에 이르기까지 했어요. 기온이 35℃까지 오르는 이상 고온으로 영구 동토층이 녹아서 아주 오래전 탄저균에 감염되었던 동물 사체가 지표로 노출된 것입니다. 탄저균은 전염성이 강해서 생물학 무기로 만들기도 하는 무서운 세균입니다.

이처럼 영구 동토층이 녹으면 얼어있던 고대 바이러스가 번식도

하고 감염도 일으킬 수 있다는 연구 결과가 나왔어요. 영구 동토층의 시료를 분석한 연구자들은 13종의 새로운 고대 바이러스를 발견했어요. 이 연구는 영구 동토층의 일부만 조사한 것이었기 때문에 실제로 영구 동토층 안에 얼마나 많은 종류의 바이러스와 병원체가 있는지는 알 수 없습니다. 영구 동토층에서 시작한 팬데믹이 올 수도 있는 거죠.

놀랍게도 최근 암시장에 매머드 상아가 넘쳐나고 있어요. 매머드는 이미 멸종했는데 말이에요. 영구 동토층이 녹아 부드러워지자 사람들이 매머드 상아를 손쉽게 도굴할 수 있게 된 거죠. 과학자들은 북극 부근에 있는 영구 동토층에 약 1,000만 마리의 매머드가 매장되어 있을 것으로 추정합니다. 우리나라 대전 천연기념물센터와 서대문자연사박물관에 전시해 둔 긴털매머드 화석도 시베리아의 영구 동토층에서 발굴된 것이라고 해요. 사람들은 코끼리 상아를 얻겠다고 코끼리를 멸종위기 '위급' 등급으로 만들었던 것처럼, 땅속 매머드 상아도 더는 발견할 수 없게 만들 기세로 파내고 있어요. 문제는 영구 동토층을 파헤치면서 매머드와 함께 묻혀 있던 수많은 미생물을 같이 발굴하고 있다는 겁니다. 더불어 이산화탄소와 메탄도 배출되고 있고요.

시베리아에서 발견된 초대형 싱크홀이 만들어지기 전, 땅 아래 차오른 메탄가스로 인해 땅이 부풀어 오른 지형을 '핑고'라고 합니다.

최근 러시아에서는 핑고에 GPS 센서를 달아 얼마나 솟아오르는지를 감시하기 시작했어요. 큰 싱크홀이 생길 때 주변에 가정집이나 공장이 있는 경우 사람들이 위험에 빠질 수 있기 때문입니다. 물론 기후 위기 연구 때문이기도 하고요. 전 세계 과학자들은 위성 영상을 통해 토양의 수분을 관측해 영구 동토층이 얼마나 녹았는지, 얼마나 유지되고 있는지를 감시하고 있습니다. 이렇게 바쁜 와중에 매머드 상아 밀렵꾼까지 감시해야 하는 상황이 되었으니, 정말 안타까워요.

3

화산 폭발이 기후에 미치는 영향

이산화탄소를 다량으로 배출하는 자연현상으로는 화산활동이 있습니다. 폭발하는 화산은 용암, 화산재와 함께 화산 기체를 배출해요. 화산 기체 대부분은 수증기이지만, 이산화탄소, 이산화황(SO_2), 황화수소(H_2S), 염화수소(HCl), 불화수소(HF) 등도 포함되어 있습니다.

큰 화산이 폭발하면 화산가스와 에어로졸, 화산재가 성층권까지 올라갑니다. 화산재는 성층권에 떠 있는 동안 햇빛을 차단해서 그 사이 지구의 온도를 낮출 수 있어요. 하지만 중력의 영향으로 며칠 또는 몇 주 안에 땅으로 떨어져서, 기후 변화에 영향을 미치지는 않습니다. 화산 기체의 이산화황은 성층권에서 미세한 황산 에어로졸을 만들고 태양빛을 반사해 지구 온도를 낮추는데요. 반면 대기 중으로 배출된 이산화탄소는 약 100년 정도 대기에 머무르며 온실 효과를 높일 수 있죠. 즉, 화산폭발은 단기적으로는 지구 기온을 낮추고, 장기적으로는 지구 기온을 높입니다.

화산 분출 때 대기 중으로 배출된 이산화탄소는 비에 녹아 탄산이 되고, 지표면 암석을 풍화시킵니다. 암석이 풍화되면 칼슘과 마그네슘 같은 성분이 빗물을 따라 바다로 흘러 들어가요. 그리고 바다에 도착한 풍화의 산물은 다시 이산화탄소를 가두는 역할을 합니다. 암석 풍화는 대표적인 음의 피드백입니다. 화산폭발로 배출된 이산화탄소는 온실효과를 높이기도 하지만, 암석 풍화를 빠르게 만들어 대기 중 이산화탄소를 줄이기도 하는 것입니다.

지구 표면의 풍화는 지질학적 온도조절장치 역할을 해요. 하지만 지구 시스템 내에는 많은 지구과학적 과정이 서로 복잡하게 연결되어 있고, 원인으로 인한 결과가 나타나기까지 시간이 오래 걸려서 과정들이 서로 끼치는 영향을 파악하기가 쉽지 않습니다. 연구팀은 기계학습 알고리즘과 판 구조의 재구성을 통합해 '지구 네트워크'를 구축했어요. 그리고 대륙에 줄지어 있는 안데스산맥, 로키산맥 등의 높은 화산들이 가장 빠르게 침식되고 있음을 밝혔습니다. 이를 모방해 대규모 인공 풍화를 설계하고 있지요.

4

모든 순환의 중심, 지권

이번에는 지구가 만들어졌을 때로 다시 돌아가 볼까요? 지구 궤도 위에는 미행성체가 많았어요. '미행성'이란 태양계가 생겨났을 때 존재했을 것으로 생각되는 작은 천체를 말해요. 미행성체들은 원시 태양 주변을 돌면서 서로 충돌하고, 깨지고, 합해지면서 질량이 큰 원시 행성으로 성장합니다. 원시 행성 지구가 지금의 지구로 진화하면서 지구계가 만들어졌어요. 지구계를 이루는 요소는 지권, 수권, 기권, 생물권, 외권이에요. 이 중 가장 먼저 중심에 자리를 잡은 것은 바로 '지권'입니다.

지구계 물질 순환을 배울 때면 땅과 바다, 대기와 생물 사이를 커다란 화살표가 연결하고 있는 그림을 볼 수 있어요. 물 순환, 탄소 순환, 질소 순환 등 제목은 달라도 모양은 다 비슷하지요. 실제 지구

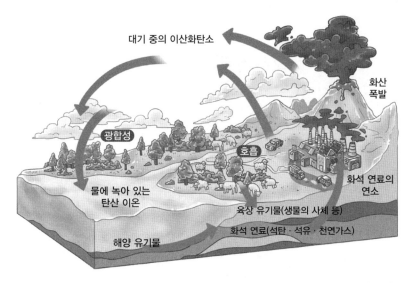

대기 중의 이산화탄소

화산
폭발

광합성

호흡

화석 연료의
연소

물에 녹아 있는
탄산 이온

육상 유기물(생물의 사체 등)

해양 유기물

화석 연료(석탄 · 석유 · 천연가스)

탄소 순환

는 가장 큰 지권과 그 위의 일부를 덮고 있는 수권, 아주 얇게 둘러싸고 있는 기권, 그 밖으로 엄청나게 넓은 외권, 마지막으로 곳곳에 분포하는 생물권으로 이루어져 있어요. 지권은 내부에서도 물질이 끊임없이 순환하고 있어요. 그리고 지권이 모든 권과 연결되어 있으므로 지구계에서 물질이 순환할 때는 지구의 모든 권을 넘나듭니다.

과학자들은 오랫동안 지구를 연구하고 있지만, 아직 밝혀지지 않은 부분이 많아요. 특히 지하는 아직 미지의 영역이에요. 여러 가지 방법으로 연구하고 있지만 아는 것보다 모르는 게 더 많죠.

중학교에서는 맨틀이 대류를 한다는 것까지 배우고, 고등학교에서

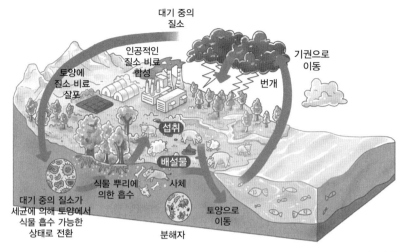

질소 순환

는 핵과 맨틀 경계에서부터 지표 부근까지 플룸[1]이 상승하고 하강한 다고 배웁니다. 오늘날에는 계속 쌓이고 있는 여러 관측 결과를 토 대로 현재 지구 내부에 있을 거라고 추정되는 플룸 기둥을 컴퓨터로 모델링 하는 등의 연구를 계속하고 있습니다. 핵부터 지표까지 플룸 기둥이 있고, 맨틀도 대류를 하는 거죠. 우리가 밟고 다니는 단단한 땅속 깊은 곳마저도 지구는 활발하게 움직이는 행성입니다.

---

1 지각에서 맨틀 아래로 하강하거나 맨틀과 핵의 경계에서 지각으로 상승하는, 폭 100km 미 만 원기둥 모양의 물질과 에너지의 흐름을 말한다.

5

탄소 순환을 깨뜨린 인류

지권에 관한 새로운 발견은 지금도 계속 이어지고 있어요. 국제공동연구기관인 '심층 탄소 관측팀(Deep Carbon Observatory, DCO)'의 2019년 발표에 따르면 지구 내부에 묻혀 있는 탄소의 양이 184경 5천조 톤이라고 해요. 지표 부근에 43조 5천억 톤이 분포하며, 이 중 37조 톤이 깊은 바다에 흡수되어 있다고 해요. 50개국 1천여 명의 연구진이 10년 동안 연구해서 얻은 결과입니다. 지구 내부에서 분출한 탄소는 다시 내부로 흡수되는 것이 자연의 순리입니다. 그런데 지구 내부의 암석을 분석해보니 탄소량 균형이 심각하게 깨진 적이 3번 있다고 해요.

DCO에서 찾은 첫 번째 탄소 불균형은 2억 5,200만 년 전 '페름-트라이아스기 대멸종' 때 발생했습니다. 지진과 화산활동이 활발한 지구에서는 큰 화산활동이 있을 때마다 탄소 수십억 톤이 배출됩니다. 페름기 말에 오늘날의 시베리아 지역에서 일어난 화산폭발로 700km²의 용암이 흘러나왔고, 이때 분출된 화산 가스가 오존층을 파괴해 기온이 걷잡을 수 없이 올라갔을 것으로 추정해요. 극단적인 온난화로 열대 지역의 육지 온도는 50~60℃, 해수 표면온도는 40℃ 이상으로 올라갔어요. 오직 남북극 지역만이 이 화덕 같은 더위를 피할 수 있는 피난지였고, 동식물 95%가 멸종하는 참사가 발생했어요. 이후 무려 500만 년 동안 새로운 종이 나타나지 않는 '생명의 사각지대'가 지속되었지요.

두 번째 탄소 불균형이 발생한 것은 6,600만 년 전 멕시코 유카탄반도 부근 해안에 너비 150km, 깊이 약 20km에 달하는 거대한 충돌구가 만들어졌을 때입니다. 수십 킬로미터에 달하는 칙술루브 충돌체가 떨어져서 공룡을 비롯해 당시 지구에 서식하던 동식물종의 4분의 3이 갑작스레 멸종했다고 봅니다. 이때 수천억 톤의 이산화탄소가 배출되었고, 지구상에 탄소가 풍부한 암석이 다수 만들어졌으며 나머지는 대기로 흡수되었다고 합니다.

마지막으로 세 번째 탄소 불균형은 바로 지금 벌어지고 있습니다. 지구의 탄소 균형이 깨지기 시작한 건 산업혁명이 시작된 1750년 이후에요. 산업혁명 이후 지금까지 인류는 약 2조 톤의 탄소를 배출했어요. 그리고 인류는 화산폭발로 분출되는 탄소량의 약 100배에 달하는 약 100억 톤의 탄소를 매년 대기 중에 분출하고 있지요. 깊은 바다에 묻혀 있는 탄소량 37조 톤을 제외한 6조 5,000억 톤의 탄소량 가운데 거의 3분의 1에 달하는 양이에요. DCO는 장기간에 걸쳐 대처하지 않으면 우리도 과거 생물 멸종과 같은 대참사를 맞을 수 있다고 경고했습니다. 그리고 향후 탄소 정책 수립 과정에 연구 결과를 참조해달라고 부탁했어요.

우리는 여전히 지구 전체에 분포하고 있는 탄소에 관해 모든 것을 알지 못해요. 다만 지권에 있는 탄소가 인간 활동으로 인해 기권으로 이동하고 있고, 그로 인해 자연의 순리인 탄소 순환 고리가 바뀌었으며 탄소 균형이 깨졌다는 건 확실히 알고 있습니다. 지표 부근의 탄소는 지구 전체 탄소의 0.0023%일 것으로 추정해요. 그중 일부만 어그러졌는데도 우리가 경험하는 지구의 변화는 상상 이상이죠. 지구의 탄소 대부분을 포함하고 있는 지구 내부에 인간이 어떤 영향을 미치고 있는지, 그 결과 지구 전체 순환고리가 어떻게 바뀔지는 아무도 모릅니다.

6

질소도 돌고 돌아요

2018년에는 지구 암석에 엄청난 양의 질소가 숨어 있다는 사실을 발견했어요. 지구 대기의 78%를 차지하는 질소는 우주에서 여섯 번째로 많은 원소이기도 합니다. 과학자들은 이미 수십 년 동안 대기에 있는 질소보다 더 많은 양의 질소가 토양과 나무에 축적되고 있다는 것을 알고 있었어요. 하지만 그 차이가 어디서 생기는지는 알지 못했지요. 그러다 마침내 한 연구팀이 '돌'에서 그 차이를 찾았습니다. 바위에 상당히 많은 양의 질소가 포함되어 있고, 과학자들이 찾던 '차이'를 메울 수 있는 만큼 충분히 빠른 속도로 풍화되어 흩어져 나온다고 해요. 그리고 숲이나 초지의 영양분이 되어 초목의 생장을 돕고, 초목이 이산화탄소를 격리할 수 있도록 합니다. 생태계 질소의 26%가 암석 풍화 과정에서 생성되며, 암석과 대기가 쌍벽을 이루는 질소의 원천임을 알게 되었어요.

인류는 질소 순환에도 영향을 미치고 있습니다. 자동차 배기가스, 발전소나 공장에서 나오는 질소산화물이 대기로 공급되고 있어요. 대기오염도 문제지만, 아산화질소(N_2O)는 대표적인 온실기체이기도 해서 지구온난화에 기여하고 있어요. 그리고 이보다 훨씬 더 큰 문제는 질소 비료입니다. 논이나 밭에서 작물이 자라면 땅의 영양소가 줄어들어요. 사람의 똥, 가축의 배설물, 기름을 짜고 남은 찌꺼기, 생선 내장 등을 비료로 활용했지만 영양소를 보충하기에는 충분하지 않았어요. 그래서 과거에는 농사지었던 땅을 일정 기간 쉬게 한 다음에야 다시 작물을 키울 수 있었어요. 그런데 1913년 독일의 화학자 프리츠 하버(Fritz Haber)가 질소를 인공적으로 농축해 암모니아로 합성하는 방법을 발견했고, 인공 질소 비료가 등장합니다. 농업혁명이라 불릴 정도로 이후 농업 생산량이 폭증했고, 식량문제가 해결되자 인구도 비약적으로 늘어났어요. 이 결과 공기 중 질소는 지권으로, 땅속 지하수로 유입되어 수권으로 이동하게 됩니다. 그렇게 결국 우리에게 돌아오게 되었고요.

7

모든 순환의 중심

지구계에서 '물질의 순환'은 지권, 수권, 기권, 생물권 사이에서 원소와 화합물이 이동하면서 변하는 모든 과정을 말합니다. 생물학적, 지질학적, 화학적 과정의 상호작용을 포함하죠. 물 순환, 탄소 순환, 질소 순환처럼 원소를 중심에 두고 순환을 연구하기도 하지만 암석순환, 해양 순환처럼 거대한 규모의 순환도 연구합니다. 최근에는 수은 같은 중금속 원소의 순환이나 인간에 의해 만들어진 폴리염화바이페닐(Polychlorinated biphenyls) 같은 유기화합물의 순환도 연구하고 있어요. 그리고 모든 순환 과정에는 에너지가 관여하고 있습니다. 지구계 순환에 사용되는 에너지의 대부분은 태양으로부터 오기 때문에 지구계를 구성하는 요소에 외권을 포함합니다.

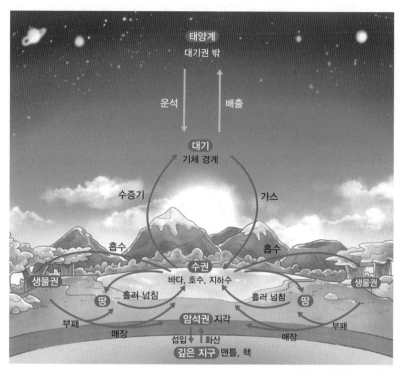

대표적인 생지화학적 순환 예시

　인간에 의해 순환의 속도가 변하거나, 순환하는 양이 늘거나, 순환고리가 새로 만들어지기도 합니다. 마치 모든 순환의 중심에 인간이 있는 것처럼 느껴지지요? 인간의 영향력이 커졌고, 더 커지고 있는 것은 사실입니다. 하지만 여전히 인류는 지구에 사는 여러 생물체 중 하나일 뿐입니다. 모든 순환의 중심은 '지구'입니다.

8

인공물이 넘쳐나는 지구

인류는 지구에 처음 등장한 이후 끊임없이 지역 환경을 변화시켜 왔어요. 과거에는 인구수가 적고 변화가 느려 지구계에 영향을 미치지 않았죠. 그러나 2022년 UN 공식 발표 기준 세계 인구는 80억 명이 넘었고, 그 수가 100억 명까지 늘었다가 줄어들 것이라는 본래 예상도 최종 110억 명까지 증가할 수 있다고 바뀌었습니다.

인구가 늘어날수록 먹고, 마시고, 입고, 자는 생활에 필요한 인공물도 늘어납니다. 2020년에는 인류가 지금까지 생산한 인공물의 총 질량이 지구 생물의 총 질량을 넘어섰다고 해요. 건물과 도로의 총 질량은 1조 1,000억 톤으로 나무의 총 질량 9,000억 톤보다 많습니다. 플라스틱의 총 질량은 80억 톤으로, 동물의 총 질량 40억 톤의 두 배나 되지요. 심지어 인간이 버린 쓰레기는 제외하고 분석한 결과라고 하네요. 인간이 버린 쓰레기를 포함한다면 이미 2013년에 태우거나 재활용한 쓰레기를 제외하고도 인공물 총 질량이 전 세계 생물 질량을 초과했다고 합니다.

오늘날 인류는 매주 전 세계 인구 전체의 무게보다 무거운 인공물을 생산하고 있어요. 그 대부분은 암석과 광물, 석유를 변형한 것이지요. 암석과 광물, 석유는 어디에서 왔을까요? 바로 지권에서 왔습니다. 우리가 사용하고 있는 거의 모든 것의 재료가 지권으로부터 오지요.

스마트폰을 한번 볼까요? 스마트폰은 금속이나 플라스틱으로 된 케이스, 유리로 된 액정, 그리고 각종 부품으로 이루어진 기기입니다. 금속, 플라스틱, 유리 모두 지권에서 온 물질입니다. 부품으로 사용하고 있는 전자기기는 모두 금속이고, 배선은 구리, 금, 은이에요. 백금, 팔라듐과 같은 귀금속도 사용되죠. 금속은 암석과 광물, 플라스틱은 석유에서 뽑아냅니다. 결국, 기술의 발전이라는 것은 지권, 수권, 기권, 생물권에서 사람들이 필요한 것을 얼마나 쉽게, 많이 뽑아낼 수 있느냐는 문제라고 볼 수 있습니다. 인간을 중심으로 생각하고 행동한 결과 이제는 인공물로 가득한 지구에 살게 되었어요.

행성 경계 (또는 지구 위험 한계선)

스웨덴 스톡홀름 회복 센터의 요한 록스트룀(Johan Rock strom)과 호주 국립대학교의 윌 스테판(Will Steffen)이 이끄는 지구 시스템 및 환경과학자 그룹, 그리고 노벨상 수상자인 파울 크뤼천을 포함한 26명의 석학이 '인간 활동이 지구 시스템에 미치는 영향의 한계를 설명하는 틀'을 함께 만들었어요. 산업혁명 이후 산업화된 사회 행동이 지구 환경을 변화시킨 주요 원인이라는 과학적 증거를 기반으로 만들었다고 합니다. 과학자들은 총 9개의 한계(기후위기, 해양 산성화, 성층권 오존층 파괴, 질소와 인 순환, 담수 사용, 삼림 파괴와 토지 이용의 변화, 생물 다양성 감소, 대기 속 미세먼지 증가, 화학적 오염)를 정했습니다. 2009년 〈네이처[2]〉에 발표할 당시 논문을 보면 이미 질소 순환과 생물 다양성 감소 영역은 한계를 넘어섰고, 기후위기 영역

---

2 가장 오래되었으며 저명한 과학 학술지.

도 안전한 상태를 벗어나 있었어요.

'행성 경계'는 과학적 이해를 기반으로 7개의 경계와 현재 상태를 숫자로 표현할 것을 제안합니다. 예를 들어 '기후위기'를 제어하는 변수는 '대기 중 이산화탄소 농도(ppm)'이고, 산업화 이전에는 280ppm, 경계값은 350ppm입니다. 2021년을 기준으로 전 지구 이산화탄소량은 415.7ppm으로 안전한 상태를 벗어난 거죠.

2015년에 더 많은 연구자와 함께 새로운 모델 기반 분석을 도입하고, 기존의 틀을 업데이트해 발표했습니다. 생물 다양성 감소는 '생물권 완전성'으로, 삼림 파괴와 토지 이용의 변화는 '토지 시스템의 변화'로, 화학적 오염은 '새로운 개체'로 변경되었어요. 2015년 두 번째 논문이 〈사이언스[3]〉에 발표할 당시 기후변화, 생물권 완전성, 토지 시스템의 변화, 생지화학적 순환이라는 4개 영역에서 한계를 넘었다고 했습니다.

2022년에는 '새로운 개체' 영역이 5번째로 행성 경계를 넘었다고 발표했습니다. 행성 경계는 하나의 경계가 넘어갈 때마다 환경 변화는 예측할 수도 없고, 걷잡을 수도 없을 것이라는 경고를 포함해요. 하지만 경고가 끝이 아니에요. 다 함께

3 〈네이처〉, 〈셀〉과 함께 세계 3대 학술지로 손꼽힌다.

그 경계를 넘지 않도록 노력하자는 목표를 정한 것이기도 하죠. 과학자들이 계속해서 우리별 지구에 관해 고민하고, 걱정하고, 연구한 결과를 열심히 공유하는 만큼 우리도 함께 관심을 가지고 행동해야겠죠? 이후 연구 결과에도 관심을 가지고 지켜봐 주세요.

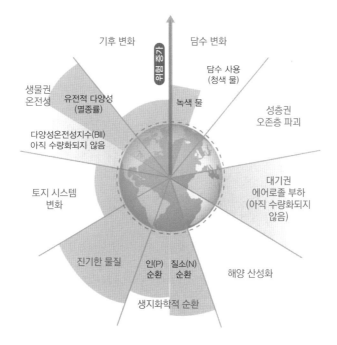

행성 경계 다이어그램. 진한 부분은 경계를 넘었음을 나타내고, 연한 부분은 경계 내 안전 상태를 나타냅니다. (2023년 9월)

6

지구를 둘러싼 우주

1

위기의 지구를 대신할 행성 찾기

밤하늘에 총총 빛나는 저 별들은 몇 개나 있는 걸까요? 우리의 눈에 닿는 별빛은 광활한 우주를 달려온 과거의 빛입니다. 존재하고 있지만, 아직 우리가 헤아리지 못한 별도 있을 테죠. 오늘날의 관측 기술에 따르면 우주에는 약 2조 개의 은하가 흩어져 있다고 해요. 그리고 하나의 은하 속에는 약 1,000억 개나 되는 별들이 묶여 나름의 모습으로 살아가고 있습니다.

200,000,000,000,000,000,000,000

우주에 존재하는 별의 개수예요. 이 각양각색의 별 주변에는 또 100,000,000,000,000,000,000,000(100,000조)개에 달하는 '행성'들이 부지기수로 존재해요.

"너무 가까이하면 뜨겁고, 너무 멀어지면 추운 것은?"

이 질문에 누군가는 난로, 또 누군가는 인간관계를 떠올릴지도 모릅니다. 광대한 우주에서는 별이 그렇습니다. 처연한 별의 일생에 그 주변을 맴돌며 함께하는 행성들은, 중심이 되는 별로부터의 거리에 따라 제각각 사연을 갖게 됩니다. 그중 어떤 특별한 위치에 자리 잡게 된 행성은 액체 상태의 물을 품고, 생명을 키울 수 있는 호사를 누릴 수 있게 되지요. 천문학에서는 이 영역을 '생명 가능 지대(Habitable Zone)' 또는 '골디락스 존(Goldilocks Zone)'이라고 해요. 골디락스 존은 너무 뜨겁지도 차갑지도 않은 적당한 온도의 우주 공간을 뜻합니다. 그렇다면 별의 골디락스 존 위치는 어떤 요인들에 의해 결정될까요?

골디락스 존은 마치 난로에 넣는 연료의 양처럼 중심이 되는 별의 질량에 따라 결정됩니다. 별은 질량이 클수록 활활 타오르면서 더 많은 에너지를 방출하고, 그 열기에 골디락스 존은 멀찌감치 떨어지게 되지요. 그렇다고 별의 골디락스 존이 항상 고정된 것은 아니에요. 우리가 나이를 먹어가듯, 별도 시간의 흐름에 따라 그 모습이 끊임없이 변합니다. 별이 진화하면서 매초 뿜어내는 에너지양이 달라지고 그 결과 골디락스 존의 위치도 변하게 됩니다.

골디락스 존은 물이 액체로 존재하는 구역이에요. 그래서 이 영역은 물의 끓는점인 100℃와 물의 어는점인 0℃를 양쪽 경계로 하고 있죠. 태양계에서는 좁게는 0.95AU¹에서 넓게는 1.15AU에 해당합니다. 바로 이곳에 정갈하게 자리 잡은 행성이 우리의 지구예요. 그렇다면 지구와 가장 가까운 골디락스 행성의 이름은 무엇일까요?

우리의 별, 태양을 제외하고 지구에서 가장 가까이에 있는 별은 지구로부터 약 4.2광년 떨어진 '프록시마 센타우리'입니다. 이 별은 적색왜성(Red dwarf)으로, 온도도 낮고 크기도 작아요. 그 주위에는 지난 2016년에 발견된 '프록시마 센타우리 b'라는 행성이 있습니다. 외계 행성의 이름은 중심별 이름 뒤에 영어 소문자를 붙여 표기해요. 중심별을 A로 보기 때문에 'a'는 쓰지 않고, 첫 번째로 발견된 행성부터 b, c, d, e…, 이렇게 순서대로 이름을 붙입니다. 그러니 '프록시마 센타우리 b'라는 이름은 프록시마 센타우리 별의 행성계에서 처음 발견된 행성이라는 뜻이지요.

이 행성은 물이 액체 상태로 존재할 수 있는 골디락스 존에 있습니다. 이 외계 행성은 지구와 같은 암석형 행성인 데다 질량도 지구의 1.3~3배 정도로, 지구와 매우 비슷해요. 하지만 중심별과 너무 가까워서 지구까지 닿는 태양풍의 약 2,000배에 달하는 항성풍을 받고 있지요. 그러니 우리가 알고 있는 생명체가 이 행성에서 우연한

---

1 1AU: 지구−태양 간 거리

과정으로 탄생했을지라도 강력한 자외선과 방사선 때문에 살아남기 어려웠을 거예요. 결국, 과학자들은 이 골디락스 행성에는 생명체가 '생존 불가능'하다는 결론을 내놓았습니다.

NASA 외계 행성 과학 연구소에서는 그동안 발견한 외계 행성이 "모두 제각각 새로운 세계"라고 말했습니다. 여러분만의 무한한 상상력으로 미지의 외계 행성 모습을 캔버스에 펼쳐보세요. 1992년 처음으로 외계 행성이 발견된 이후로 인류가 확인한 외계 행성의 개수는 5,000개를 넘어섰습니다. 비록 프록시마 센타우리 b는 아니지만, 지구와 비슷하게 생명을 품을 수 있는 운 좋은 행성들의 후보가 아직 수십억 개나 남아 있어요. 외계 행성이 이렇게나 흔하다면, 이 드넓은 우주에 생명체가 우리만 있는 것은 아닐 텐데요. 우리는 왜 외계인을 마주한 적도 없고, 우주는 왜 이토록 고요하고 텅 비어있는 것처럼 느껴질까요? 1950년 이탈리아의 어느 식당에서 천재 물리학자인 엔리코 페르미(Enrico Fermi)는 동료들과 점심을 먹으며 수다를 떨다가 문득 이 점이 궁금했습니다.

"그런데 외계인은 다 어디에 있지?"

이 역사적인 질문을 '페르미 역설'이라고 부릅니다. 이후 이 역설은 외계 문명을 둘러싼 논쟁에 빠짐없이 등장하는데요. 지금까지도 다양한 분야의 전문가들이 수많은 가설을 내며 이 난제를 풀어내기 위해 애를 쓰고 있지요. 그중에는 지구가 일종의 '우주 자연보호구역'에 속해서 외계의 지적 생명체들이 우리를 동물원 안에 넣어둔 멸종위기 동물처럼 그저 지켜보고 있다는 시나리오도 있습니다.

그렇다면 우리가 똑똑한 외계인과 만날 확률은 얼마나 될까요? 1961년 천문학자 프랭크 드레이크(Frank Drake)는 이를 계산해보려고 했습니다. '드레이크 방정식'은 미국 시트콤 〈빅뱅 이론〉의 등장인물 셸든이 5초 만에 속사포처럼 쏟아내며 으스대던 '$N=R_* \times f_p \times n_e \times f_l \times f_i \times f_c \times L$'인데요. '인간과 교신할 수 있는 지적인 외계 문명의 수'를 계산하는 방정식으로, 행성을 가진 별의 개수나 행성이 생명체를 발달시킬 확률처럼 점점 더 제한적인 값들을 곱하는 식입니다. 드레이크는 이 방정식을 풀어 10이라는 값을 구했지요. 하지만 이 방정식을 풀기 위해 고려해야 하는 요소들이 불확실하기 때문에 가정에 따라 결과도 매우 달라집니다. 비관적인 예측으로는 0.000002개, 낙관적으로는 280만개로 그 결괏값이 천차만별이죠. 최신 연구 자료를 반영해도 드레이크 방정식의 값은 약 0.08~5,000개로 여전히 예측값이 다양하답니다.

확률이 얼마든, 우리는 외계 문명과 접촉한 적이 없습니다. 이는 외계 문명을 만날 가능성을 '0'으로 만드는 무언가가 있기 때문이라고도 해석할 수 있어요. 일부 학자는 '그레이트 필터(대 여과기)' 즉, 생명체의 탄생이나 진보된 문명으로의 발전을 가로막는 장벽이 있다고 설명하고 있습니다. 현재 인류 문명의 그레이트 필터가 어디에 있는지에 관해서는 두 가지 가설이 있습니다.

첫 번째는 인류가 이미 그레이트 필터를 통과했다는 가설입니다. 지구 생명체는 5번의 대멸종을 이겨내고 살아남았습니다. 지구처럼 별의 평균 수명 내에 지적 생명체가 발달한 것은 상당히 운이 좋은 일이라고 해요. 지구 생명체들은 그동안 수많은 환경의 변화 속에서도 멸종하지 않고 버티며 점점 더 높은 수준으로 진화를 이뤄냈지요. 그렇게 우리 문명이 현재 우주에서 유일무이하게 위대한 관문을 통과했다는 거예요. 그런데 만약 화성을 탐사하다가 박테리아를 찾게 되거나, 유로파(목성의 위성)에서 해양생물이 발견된다면 이 시나리오는 틀린 게 됩니다. 그렇게 쉽게 생명체가 존재할 수 있다면, 우리는 이미 외계인을 만났어야 하니까요.

두 번째 시나리오는 암울합니다. '그레이트 필터'가 미래에 놓여 있다는 거예요. 우리가 다른 외계 문명을 찾아내지 못하고 있는 이유는, 어쩌면 그들이 모두 멸망했기 때문이라는 겁니다. 어떤 행성의 문명이 충분히 진보하면, 그 행성의 지배권을 가지고 있던 생물 종이 필연적으로 멸종했기 때문이라는 거예요. 이것은 곧 우리의 과학 기술이 통제 불가능할 정도로 발달한다면, 그레이트 필터가 될 수 있는 환경적, 기술적 요인들로 인해 자멸하게 된다는 것입니다. 핵전쟁, 기후 변화로 인한 기하급수적인 환경 변화, 바이러스의 창궐, 인공 지능 로봇의 습격 등… 여러분의 머릿속에 불현듯 스치는 위험한 장면은 무엇인가요?

인류는 다른 행성에 우리처럼 생명체가 살고 있는지 궁금해합니다. 특히나 지구와 꼭 닮은 형제 행성에 주목하고 있지요. 우리와 환경이 닮은 행성일수록 우리와 비슷한 생명체가 있을지도 모르니까요. 태양에서 약 40광년 떨어진 곳의 작고 차가운 별 '트라피스트-1'은 태양 못지않아요. 행성을 7개나 거느리고 있으며, 모든 행성이 단단한 암석으로 이루어진 지구형 행성이라고 합니다. 그리고 이 중 무려 4개의 행성이 골디락스 존에 자리 잡고 있다고 해요.

2016년과 2017년 두 번에 걸쳐 망원경으로 이 별 근처에서 나오는 신호를 잡아보려고 했지만, 어떤 신호도 잡히지 않았습니다. 최근에는 NASA에서 보유한 제임스 웹 우주망원경(JWST)의 중적외선 장비 덕분에 트라피스트-1으로부터 가까운 순서로, 트라피스트-1b와 트라피스트-1c의 행성 대기를 관측해 볼 수 있었는데요. 관측 결과 두 행성 모두 표면이 너무 뜨거워서 사실상 대기가 없다는 결론을 내렸어요. 또한, 행성 모델 분석을 통해 지구 바닷물의 절반도 안될 정도로 물이 적어 생명체가 살기 어려운 환경으로 확인했죠. 아직 이곳에는 더 확인해 볼 만한 행성들이 남아 있지만, 아마도 생명체가 아예 없거나, 존재하더라도 인류 문명에는 전혀 못 미치는 수준일 거라 예측하고 있어요.

2

우리, 지금 외계 문명과 만나도
정말 괜찮을까?

외계인이 빛의 속도를 넘어 과거 또는 미래로 왔다면 마주치자마자 당장 도망가는 것이 좋을 겁니다. 특히 지능이 있고 창의적이며 치명적인, 우리와 닮은 외계 생명체라면요. 우리가 만날 외계 생명체가 호의적일지, 아니면 적대적일지 누구도 예측할 수 없으니까요.

유엔우주업무사무소(UNOOSA)는 인류가 지능을 가진 외계 생명체와 만났을 때 어떻게 반응하고 대처해야 하는지를 정한 국제 협약이 없다고 우려하고 있어요. 현재 우주와 관련된 모든 국제법은 대량 살상무기 금지부터 우주 활동에 대한 국가적 책임에 이르기까지 인류의 활동이 다른 인류에게 주는 영향에만 초점을 두고 있죠.

지적 외계 생명체가 보내는 신호가 잡힌다면 이에 관해 논의할 국제 협의체를 구성하자는 것 말고는 아직까지 합의된 바가 없습니다.

그렇지만 만약 외계 생명체를 만난다면, 인간이 가지는 권리인 인권을 외계 생명체에게도 확대 적용해야 한다는 논의가 이루어지고 있어요. 지구에 방문할 수 있는 생물 종이라면 인간만큼 높은 수준의 지능과 감각을 가졌을 테니 인간과 유사하게 대우해야 한다는 것이죠. 물론 그들이 우리를 인권에 따라 대하지 않을 수도 있지만요.

지구에도 지능을 가진 다양한 생명체가 있습니다. 동물권은 인권을 확장한 개념이에요. 비인간 동물도 고통을 피하고, 학대당하지 않아야 하며, 삶의 주체로서 권리를 보장받고 착취되지 않아야 한다는 것입니다. 생명 윤리학자 피터 싱어(Peter Singer)는 비인간 동물뿐만 아니라 외계 생명체에게도 '양도할 수 없는 권리(Inalienable rights)'가 있다고 주장했어요. 그는 외계 생명체의 고통이 지구인의 고통만큼이나 중요하다고 말합니다. 어쩌면 인간이 외계 문명의 자연적인 발전을 방해하지 않고 그대로 내버려 두는 편이 낫지 않을까요? 하지만 인류는 한순간에 외계인에게 전멸당할지라도 그들과 우연히 만나고 싶어 합니다. 과학자들은 여전히 끈기 있게 우주를 살펴보고 탐험을 이어가고 있지요. 그 과정을 살펴볼까요?

인간은 지구와 DNA가 비슷한 외계 행성을 찾기를 바랍니다. 이를 위해 먼저 행성들의 모체가 되는 별들을 구분합니다. 별들을 어떤 기준으로 구분할 수 있을까요? 19세기가 남긴 위대한 유산 중 하나인 분광학(Spectroscopy)은[2] 신이 천문학자들에게 내어준 미약한 시력입니다. 천문학자들은 망원경에 프리즘을 달아 망원경으로 들어오는 별빛의 스펙트럼을 얻고 환호했지요.

스펙트럼을 쭉 깔아놓으면 광막한 우주에 흩뿌려져 있는 천체들의 빛이 어떤 물질과 상호작용해서 흡수되거나 방출했는지 그 흔적을 찾을 수 있었어요. 스펙트럼선 가닥가닥이 파장과 굵기를 달리하며 마치 지문처럼 수 놓여 있거든요. 스펙트럼은 우리가 닿지 못할 저 멀리 떨어진 우주 천체들의 비밀을 술술 풀어줍니다.

한편 20세기 초, 차별적인 대우 속에서도 특유의 끈기와 세심함으로 방대한 자료를 처리해 스펙트럼 연구를 이어 나간 여성 천문학자들이 있었습니다. '하버드의 컴퓨터'라고도 불릴 정도로 능력이 굉장했답니다. 그중 한 명이었던 애니 캐넌(Annie Cannon)은 50만 개 이상 별의 스펙트럼을 온도에 따라 분류했습니다. 별의 표면 온도가 높은 것부터 O, B, A, F, G, K, M형으로 구분했지요. 캐논은 이를 잘 외울 수 있게 'Oh, Be A Fine Girl, Kiss Me'와 같은 구절을 만들기도 했어요. 어때요. 쉽게 외워지나요?

---

2 빛을 여러 가지 색의 가는 선, 어두운 선 또는 띠 따위의 스펙트럼으로 나누어 연구하는 학문으로 광학의 한 분야이다.

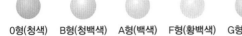

O형(청색)	B형(청백색)	A형(백색)	F형(황백색)	G형(황색)	K형(주황색)	M형(적색)
2만~3만 5000K	1만 5000K	9000K	7000K	5500K	4000K	3000K

높다 ──────── 표면온도(K·절대온도) ──────── 낮다

별의 색과 표면온도

별의 표면 온도는 별의 색을 결정하는데, 별이 뜨거울수록 푸르고 차가울수록 붉어요. 열에너지가 클수록 즉, 뜨거울수록 파장이 짧은 빛이 생겨나기 때문에 푸른색을 띠게 되고, 약할수록 파장이 길어지기 때문에 붉은색을 띠는 것입니다. 그중 우리의 별, 태양은 표면 온도가 약 6,000K이므로 G형에 속해요.

생명체를 좀 더 잘 양육시킬 수 있는, 이른바 '골디락스 별'의 영광은 태양과 같은 G형 별이 아니라 골디락스 존이 좀 더 앞쪽에 위치하는 K형과 M형 별에게 돌아갔습니다. 천문학자들은 왜 이 미지근하고 덜 빛나는 별이 생명을 더 잘 품을 수 있다고 보는 걸까요? 왜냐하면 K형과 M형 별의 수명이 G형 별보다 길어서 생명체를 성장시킬 시간이 충분하기 때문입니다. 또 우주에 좀 더 흔하게 분포하고 있어서 찾기 쉽고, 골디락스 존이 좀 너 중심별에 가까워서 외계 행성의 공전주기가 짧으니 지구에서 금방 관측하기가 좋다는 장점도 있지요.

자, 이제 외계 행성을 찾으러 가볼까요? 그런데 어떻게 찾죠? 사냥꾼들이 캄캄한 숲속에서 흔들리는 야생동물의 동공을 포착하듯이 우주 숲의 외계 행성 사냥꾼들도 별빛이 주기적으로 흔들리는 별을 찾아다닙니다. 어머니별은 행성의 끌어당김에 별빛이 살짝 흔들리게 되기 때문이죠. 질량이 있으면 서로 끌어당기는 만유인력이 작용하기 때문에 아무리 작은 행성일지라도 어머니별을 끌어당깁니다. 물론 행성이 크다면 그 힘이 더 강하겠죠. 그 결과 별의 스펙트럼선이 미세하게 위치가 바뀌는 현상이 나타나요. 얼마만큼 파장이 움직였는지 알면 행성의 최소 질량도 파악할 수 있어요. 하지만 지구형 행성처럼 작고 가벼운 외계 행성이라면 중력이 약해서 관측하기 쉽지는 않아요.

외계 행성은 우리 시선 방향으로 행성이 어머니별 앞을 지나갈 때, 별빛이 갑자기 가파르게 어두워지는 밝기 변화로도 찾아낼 수 있어요. 행성이 빛을 얼마나 차단하는지를 보고 행성의 크기도 추정할 수 있지요. 하지만 이 또한 별의 크기가 너무 작을 때는 파악이 쉽지 않아요. 그리고 미세중력렌즈 효과를 이용하는 방법도 있어요. 두 별이 지구의 관측자로부터 같은 방향에 놓여 있을 때, 더 멀리 있는 별빛이 더 가까이에 있는 별의 중력 때문에 마치 렌즈가 있는 것처럼 미세하게 휘어져 집중되면서 밝아지는 미세중력렌즈 현상이 나타납니다. 그런데 앞쪽 별이 행성을 가지고 있으면 행성에 의해 빛이 갑자기 확 튀어 오르듯이 밝아졌다가 어두워지는 빛의 교란 현상이 나타나요. 이 방법으로 지구형 행성과 같은 질량이 작은 행성도 발견할 수 있어요.

우주와 지상의 망원경과 원격 감지 기술이 점차 발달하면서 외계 행성을 더욱 면밀하게 탐사하고 있습니다. NASA의 천문학자들은 무려 5,000개가 넘는 외계 행성을 확인했다고 합니다. 그중 35%는 해왕성과 같은 얼음 행성이고, 31%는 지구보다 큰 암석 행성인 슈퍼 지구, 30%는 토성이나 목성 같은 거대한 가스 행성이며, 나머지 4%가 지구와 비슷하거나 조금 작은 암석 행성이에요. 이제 천문학자들은 발견과 상상을 넘어 외계 행성의 실제 모습을 마주하고 싶어 합니다.

"행성 씨, 여기 보세요. 찰칵!"

외계 행성 사진을 직접 찍어서 존재를 확인하는 방법도 있습니다. 이를 다이렉트 이미징(Direct imaging)이라고 해요. 대략 30개 정도의 외계 행성을 이 방식으로 발견했다고 해요. 하지만 지구처럼 몸집이 작은 행성이라면 이 방법으로 찾기란 풀 더미에서 바늘을 찾는 격입니다. 우리가 찾고 싶은 행성은 제2의 지구인데 말이죠.

외계 행성이 찍힌 사진이 어떤지 궁금하시나요? 처음 찍힌 지구의 실사를 보고 '창백한 푸른 점'이라고 묘사한 천문학자 칼 세이건(Carl Sagan)처럼 멋들어지게 표현해보고 싶지만, 아무리 들여다봐도 얼룩처럼 미세하게 번진 점처럼 보여요. 아니, 요즘 같은 시대에 선명한 외계 행성 인증샷을 찍을 수는 없는 걸까요?

방법이 없는 것은 아니라고 해요. 사진을 찍을 때는 카메라 해상도도 중요하지만, 조명도 중요하지요. 조명이 너무 밝으면 얼굴 이목구비가 빛에 퍼져 뿌옇게 찍혀요. 너무 멀리서 찍으면 빛 때문에 얼굴이 아예 보이지 않을지도 모릅니다. 태양을 생각해보죠. 태양의 대기인 희미한 채층과 코로나를 선명하게 관측하려면 언제가 좋을까요? 평상시에는 밝은 광구에서 나오는 빛 때문에 관측이 어려우니 달이 태양빛을 가려주는 일식이 제격일 거예요. 그렇다고 일식이 되기만을 기다릴 순 없으니 달과 같은 역할을 할 가림막이 필요해요. 프랑스의 천문학자인 버나드 리오(Bernard Lyot)가 만든 코로나그래프(Coronagraph) 천체 망원경은 초점이 맺히는 곳에 원판을 두어서 태양의 광구를 가릴 수 있도록 설계한 것입니다.

천문학자들은 코로나그래프의 원리를 적용하여, 외계 행성의 너무 밝은 배경이 되는 어머니별을 가장자리가 삐죽삐죽한 해바라기꽃을 닮은 특수 그늘막 장치로 가리려고 합니다. 이것을 '스타셰이드(Starshade)'라고 하는데 NASA의 천문학자들이 종이접기 원리에서 착안했어요. 잔뜩 접힌 상태로 발사되어서 우주 공간에서 쫙 펼쳐지면 야구장 내야 크기 정도가 된다고 합니다. 웅크리고 있던 말린 국화꽃이 따뜻한 물속에서 활짝 꽃잎을 피우듯, 스타셰이드가 쫙 펼쳐져 별빛을 잠시 가려주면, 우주망원경은 이목구비 선명한 외계 행성을 찍을 수 있을 거예요. 그러면 바다도 보이고 숲도 보일지도 모릅니다.

2040년에는 '거주 가능한 세상 천문대(Habitable Worlds Observatory, HWO)'라는 거창한 이름의 우주망원경이 지구를 닮은 외계 행성에서 생명체의 흔적을 찾는 임무를 수행할 예정이랍니다. HWO는 제임스 웹 우주망원경처럼 거울로 만들어질 예정이지만, 훨씬 수명이 길고, 수리도 가능하게 제작된다고 합니다. 또한, '뉴 스페이스 시대'를 맞아 민간 기업의 참여로 만들어질 거라고 해요. HWO는 행성을 이미지화하고 대기를 분석해서 산소, 오존 등 생명 활동과 관련한 징후를 찾는 데 집중할 거예요. 하지만 미세 운석을 방어하고 엄격하게 거울을 제어하는 기술 개발이 숙제로 남아 있지요.[3]

---

3 이 외에도 여러 나라가 앞다퉈 차세대 우주망원경을 개발하고 있다. 2024년에는 중국국가항천국(CNSA)이 적외선 우주망원경 '신톈'을, 2026년에는 유럽우주국(ESA)이 '플라토(PLATO)'를 발사할 예정이다. 2027년에는 더 넓은 시야로 많은 양의 관측 데이터를 얻을 수 있는 NASA의 '낸시 그레이스 로먼'과 중력파를 관측할 일본항공우주개발기구(JAXA)의 '라이트버드'가 발사될 예정이다. 우리나라는 NASA와 함께 적외선 우주망원경 '스피어X'를 개발하고 있다.

3

바다 행성의 주민에게는 아가미가 있을까?

우리가 찾은 외계 행성이 골디락스 존에 자리 잡고 있다고 해서 반드시 물이 존재하는 것은 아닙니다. 골디락스 존은 물이 액체로 존재할 수 있는 온도의 범위만 정의할 뿐, 다른 조건을 보장하는 것은 아니기 때문이지요. 현재 기술로 외계 행성의 물을 직접 관측할 수는 없어요. 외계 행성 바깥을 감싸고 있는 대기 중의 수증기가 나타내는 스펙트럼선을 증거로 물이 있는지를 추측하고 있지요. 외계 행성 사냥꾼들은 수학적 모델을 통해 25% 이상의 외계 행성에 액체 상태의 물이 있을 것이라 봐요. 대부분 지표면이 아니라 지하에 물을 가지고 있다고 추정하죠.

망원경을 이용해 최초로 골디락스 존에서 지구 크기만 한 행성을 발견했습니다. '케플러(Kepler)-186f'라 불리는 이 행성은 지구에서 약 500광년 떨어진 곳의 차갑고 붉은 M형 별을 공전하고 있지요. 과학자들은 만약 이 행성에 식물이 존재한다면, 붉은색 파장 빛으로 광합성을 하기 때문에 지구의 녹색 식물과는 전혀 다른 색상일 것이라고 상상하고 있어요.

캐나다 몬트리올대학교 외계 행성연구소(iREx)의 국제연구팀은 NASA의 외계 행성 탐색 전문 우주망원경인 '테스(TESS)'로 어떤 적색왜성(TOI-1452)을 추적하다가 골디락스 존에서 지구보다 약 1.6배 크고, 4.8배 무거운 행성(TOI-1452b)을 발견했습니다. 행성의 크기와 질량을 알면 행성의 밀도도 구할 수 있는데, 이 외계 행성은 물이 전체 질량의 30%나 차지하는 '깊은 바다'로 되어 있다네요. 지구가 지표면의 70%가 바다인 데 비해 그 질량은 전체 1%가 채 되지 않는 소위 '겉촉속바 행성'이라는 것과 비교해보면, '바다 행성'이라 불릴 만하지요.

이 바다 행성은 지구와 가깝기도 하고, 연중 내내 관측할 수 있는 북극성 부근의 용자리에 있어서 앞으로 제임스 웹 우주망원경으로 자세히 들여다볼 예정이라고 해요. 제임스 웹 우주망원경은 기존 망원경들과 달리 적외선의 광범위한 투과 능력 덕분에 외계 행성의 대기 구성을 입체적으로 파악할 수 있을 겁니다. 이 과정에서 생명과 관련지을 수 있는 다양한 신호를 찾아낼 수 있을지도 모를 일이죠.

4

이 우주 속 지구는 결국 나

별은 우리의 인생처럼 수명도 있고, 탄생과 죽음의 연속선상에서 변화무쌍한 모습으로 진화합니다. 별의 일생에서 골디락스 존 역시 한자리에 머물러 있지 않고 옮겨지지요. 이러한 '물질의 행위성'과 마주하다 보면 어쩌면 '별도 살아있는 것이 아닐까?'라는 사유의 숲에 빠져들기도 합니다. 현재 태양은 주계열성 단계 즉, 창창하게 수소를 태우고 있는 청년기입니다. NASA에 따르면 태양은 그동안 10억 년마다 밝기가 약 10%씩 높아졌다고 합니다. 이렇듯 태양이 더욱 뜨거워지고 밝아짐에 따라 지금으로부터 약 10억 년 후의 지구는 현재의 대기와 바다를 잃고, 바짝 마를 것이라고 해요.

시간이 더 흘러 태양의 나이가 90억 살쯤 되면 장년기로 진화해서 그 크기가 무려 금성 궤도 너머까지 팽창하게 된다고 합니다. 태양이 적색 거성 단계에 이르게 된 것이지요. 태양의 열기가 코앞까지 오면, 지구의 방패막인 자기장이 지금의 1,000배가 되지 않은 한 지구는 태양에 집어 삼켜지거나 강한 태양풍에 초토화될 것입니다. 결국은 지구도 죽음을 맞이하게 될 것이고, 지구상의 모든 생명체는 소멸하게 될 것입니다.

그리고 태양이 노년기가 되면 외곽 대기가 팽창해서 도넛 형태가 되고, 중심에는 지구만 한 크기의 핵만 남게 되지요. 태양이 지구만 해지다니 놀라울 따름이죠? 이처럼 태양의 0.4~8배 이하의 질량을 지닌 별들이 진화 끝에 도착하는 백색 왜성(흰 난쟁이별, White Dwarf Star) 단계에 이르면 태양풍도 사라지고, 생명 가능 지대가 백색 왜성을 중심으로 새롭게 짜일 것입니다. 언제 지구가 그 자리에 있었냐는 듯이 또 다른 우주의 역사가 쓰일 테죠. 지금, 이 순간이 더욱 소중한 이유입니다.

런던 정치경제대학교의 우주 정책 전문가 질 스튜어트(Jill Stuart)가 말했듯이 '인류는 우주를 탐색하며 우리 자신을 발견'하고 있는 것인지도 모릅니다. 헤아릴 수 없이 광활한 우주의 한 지점, 그리고 영겁의 시간 중 찰나의 한 시점에 살고 있는 우리라는 생명체는 지구라는 행성에서 우연과 조화의 연속으로 만들어졌습니다. 결국, 지구는 다름 아닌 우리 자신이라는 점을 꼭 기억하길 바랍니다.

지구를 살리는 수업 3

기후위기 시대의 지구과학 수업

2024년 3월 1일 1판 1쇄 펴냄
2024년 8월 21일 1판 2쇄 펴냄

지은이 | 김지영 · 서윤희
펴낸이 | 김철종

펴낸곳 | (주)한언
출판등록 | 1983년 9월 30일 제1-128호
주소 | 서울시 종로구 삼일대로 453(경운동) 2층
전화번호 | 02)701-6911 팩스번호 | 02)701-4449
전자우편 | haneon@haneon.com

ISBN 978-89-5596-971-9 (03300)

만든 사람들
기획 · 총괄 | 손성문
편집 | 배혜진
디자인 | 이화선
일러스트 | 이현지

한언의 사명선언문

Since 3rd day of January, 1998

Our Mission — 우리는 새로운 지식을 창출, 전파하여 전 인류가 이를 공유케 함으로써 인류 문화의 발전과 행복에 이바지한다.

— 우리는 끊임없이 학습하는 조직으로서 자신과 조직의 발전을 위해 쉼 없이 노력하며, 궁극적으로는 세계적 콘텐츠 그룹을 지향한다.

— 우리는 정신적·물질적으로 최고 수준의 복지를 실현하기 위해 노력하며, 명실공히 초일류 사원들의 집합체로서 부끄럼 없이 행동한다.

Our Vision   한언은 콘텐츠 기업의 선도적 성공 모델이 된다.

저희 한언인들은 위와 같은 사명을 항상 가슴속에 간직하고
좋은 책을 만들기 위해 최선을 다하고 있습니다.
독자 여러분의 아낌없는 충고와 격려를 부탁드립니다.
• 한언 가족 •

HanEon's Mission statement

Our Mission — We create and broadcast new knowledge for the advancement and happiness of the whole human race.

— We do our best to improve ourselves and the organization, with the ultimate goal of striving to be the best content group in the world.

— We try to realize the highest quality of welfare system in both mental and physical ways and we behave in a manner that reflects our mission as proud members of HanEon Community.

Our Vision   HanEon will be the leading Success Model of the content group.